アジールの日本史

夏目琢史

同成社

本書推薦の辞

阿部　猛

わが国の代表的な辞典のひとつである『広辞苑』は「アジール」について「世俗の世界から遮断された不可侵の聖なる場所、平和領域、またその人と集団。自然の中の森・山・巨樹や奴隷・犯罪者などが庇護される自治都市・教会堂・駆込寺など」と解説しており、私の認識もこの範囲を出るものではなかった。だから、最初夏目さんから話を聞いたときは、駆込寺への関心から発する卒業論文のテーマの設定かと思っていた。だが、話を聞くにしたがって、その構想の大きさや考察の深さに感ずるところがあり、特にアジールを過去の問題として扱うだけでなく、現代、さらに未来をも見据えた視点には共鳴するところがあった。

完成した卒業論文を読ませてもらい、私は、この成果を埋もれさせてはもったいないと思うようになった。そこで、同成社の山脇氏にお話したところ、幸いに関心を示していただき出版の段取りとなった。

夏目さんの「あとがき」にもあるとおり、本書は卒業論文に加筆修正を加えたものである。学部の卒業論文が単行本として出版されるというのは近頃珍しいことであり、過去においても、それほど例の多いことではない。

勿論、未熟な点も多く、今後の研究に俟たねばならぬ点は多々あるが、それは夏目さん自身も自覚していることと思う。幸いにして本書が多くの読者を得て、そのご批判をいただければ、若い著者にとってはいっそうの励みとなるであろう。

以て推薦の辞とする次第である。（二〇〇九年六月記）

目次

アジールの日本史

はじめに

苦しめられた人びとが行き着く先のことをアジールという。アジールに入れば、世間を跋扈《ばっこ》するさまざまな俗権力の一切が干渉できない。たとえ犯罪者であっても、ひとたびアジールに入り込めば、その罪は許されてしまうという。このような場は古い時代の夢物語ではない。我々の先祖は常にこのようなアジールをめざし、そしてそれをつくりあげるために戦ってきたのである。

筆者がアジールに関して興味をもち研究をはじめたのは大学一年の時であったが、それから今日まで古今東西さまざまな文献や資料を目にしていく中で、これまで一般的に言われてきたのとは違うあることに気づいた。それは、アジールが決して古い時代の原始的な遺物ではなく、人間が社会的動物として生きるために創出したきわめて近代的・文明的な装置である、ということだ。私にとってこれは衝撃的な発見だった。なぜならこれまでのアジールをめぐる研究は、まるでそれがかつてこの世界に存在していたユートピア（夢物語）のように語られ、歴史の進展によって衰微していくものとして理解されてきたからである。

たしかに宗教的な権威を背景とした一般に知られているアジール（＝宗教的庇護権）は、中世ヨーロッパ世界に広くみられたものであり、近代国家の成立によってそれが否定されたことは歴史的な事実である。

しかし、アジールを求める人びとの心性《マンタリテ》はきわめて普遍的なものであり、そんなに簡単に消え去ってしまうものではなかった。むしろ、その時代や社会に合せてさまざまな形で、その都度つくりあげられてきたのである。つまり、アジールとは過去のものではなく、これからつくりあげられていく未来のものなのではないか。これが本書の視角である。

〝泥棒が墓場へと逃げた。だからもう捕まえられない……〟このような畏怖や恐怖心に支えられた「聖的・呪術的アジール」は、一見すると近代になって消滅したようにもみられる。しかしそれは大きな歴史の流れからすれば、決して消滅したわけではなく、社会の中で再編成され、より制度化された精緻なものとして展開していったのである。昨今の経済・金融危機に際して、時にはネットカフェやファーストフード店がアジールとなったり、お寺が再びアジールとしての機能を発揮したりしているのが何よりもそれを物語ってくれている（もちろん、この場合、泥棒ではないが……）。

具体的な話で考えてみよう。日露戦争後のポーツマス条約締結の際、賠償金が得られなかったことに激怒した日本国民が暴徒と化し、交番などに焼き討ちをかける事件が起きた。日比谷焼き討ち事件である。これをみたアメリカの新聞社は次のように報じたという。

> 日本は異教徒の国であるが、たとえ宗教が異なっていても、神に祈りを捧げる神聖な場所を焼き払い破壊するのは人間ではないことを示す何よりの証拠である。日本人は戦争中、見事な秩序と団結で輝かしい勝利を得た。彼等は人道と文明のために戦い、講和条約の締結にもそれを感じさせた。しかし、

東京騒動は、日本人が常に口にしていた人道と文明のためという言葉が偽りであることを明らかにした。彼等は黄色い野蛮人に過ぎない。

（平間洋一『日英同盟』PHP新書、二〇〇〇年）

ここから気がつく通り、他の宗教の権威を認めようとしたり、他者に対する慈悲を心がけたりする心理構造は、野蛮というよりもむしろ文明的なものである。実際、「聖的・呪術的なアジール」などといわれるものは、物理的暴力や俗権力の介入に対して場当たり的で脆弱なものだった。それよりも、よりはっきりとした形のアジールが歴史の中でしだいに形成されてきているのである。

「未曾有」の時代といわれる昨今の危機は、たしかに深刻なものであるが、歴史上にはさらに過酷な時代があった。その時々に応じて人間はどのように対応したのか。アジール創出へ向かう力とそれを押し戻す力との拮抗の歴史を検証し、あらたな意味でのアジールを形成するにはどうしたらよいのか、そうしたことを考えてみたい。

なお、本書では研究者の方々の敬称を省略させていただいたことをお断りし、お許しを乞う次第である。

第一部　アジールとは何か

第一章　アジールの定義

第一節　アジールをめぐる研究史の概観

「アジール」という言葉は、いまや、歴史学や宗教学という学問の枠を超え、それこそさまざまな研究者や評論家によって論じられている。一昔前はそれこそ「アジール」という言葉を知る人も少なかったが、今日ではネットカフェやホテル、アニメのキャラクター、あるいはＮＰＯ団体にその名が使われるなど、しだいにこの言葉が現代の日本社会にも浸透してきている。

このアジールという言葉に脚光を浴びせた、その流行の一つの起点となったのは、一九七〇年代に日本の中世史家・網野善彦が発表した『無縁・公界・楽』である。(1) この著書の絶大な影響をもとに文学・心理学・政治学・社会学・日本史学・西洋史学・民俗学等のそれぞれの学問領域でアジールは語られることになった。

このような潮流は、たしかに当初は、丸山真男がかつて指摘したようなアカデミックの「タコツボ型」に対するアンチテーゼ（「共通の基盤」）という側面をもっていた。(2) しかし、アジールという概念のそもその曖昧さからそれぞれの研究者によって多様な理解が生まれてしまい、結果的には研究の息詰まりを招いてしまったように思われる。その証拠に今日ではアジールを積極的に論じようとする研究者はほとんどみられなくなってしまった。ここでは、それぞれの学問領域でアジールがどのように理解されてきたのか、簡単にふりかえってみることにしよう。

1　西洋史の領域における「アジール」

西洋史のアジール研究において、決定的な影響を与えたのは阿部謹也である。阿部はとくに中世後期のアジールについて示すにあたり、次のような提言をしている。(3)

人間と人間の関係が変化してゆくそのあり方を探ることを社会史研究の目標と定めたとき、中世にはひときわ目立つ現象がある。それがアジール（避難所、フライウング、平和領域）である。いうまでもなくアジールは現在では政治亡命者や外交官、野戦病院、赤十字をめぐって細々と生きながらえているにすぎないが、古代から中・近世にかけて人と人との関係のなかで大きな役割を果たした制度で

あった。（傍線筆者。以下断りのない限り同様）

ここでまず〃「人間と人間の関係の変化」を探るためにアジールに着目する〃という強い研究の意思表明が行われたことについて確認しなくてはならない。この決意は阿部謹也の後の業績の根底を担うものであった（本書第三部第三章）。

しかし、阿部がアジールを定義する際に「避難所」「フライウング」「平和領域」と異なる意味の言葉を三語宛てていることに注意しなくてはならない。これは阿部謹也さえもアジールに対する適訳を見出していなかったことを明確に示している。ちなみに阿部が研究の基盤とするのは、O・ヘンスラーの次のようなアジールの概念である[4]。

「一人の人間が特定の空間、人間、時間などとかかわることによって、持続的あるいは一時的に不可侵な存在となるその拘束的な形態」

この概念は網野善彦のアジールに対する理解の基盤にもなっているが、そもそもここにアジールの概念が曖昧になる要因があったように考えられる[5]。はたして、ここでいう「拘束的な形態」とは具体的に何を指しているのであろうか。もちろん、阿部の研究視点は、ヘンスラーのような普遍的で、抽象的なアジールの理解に対して疑問を投げかけ、場所と地域をドイツ中世後期に絞り論じた点に大きな意義があることは承知のうえだが、しかしながらそこから抽出された概念をもとに日本史との比較や近代社会への展望を述べるにあたってはさらに具体的な概念規定が求められているように思う。

さて、阿部のアジール論への批判は後に譲るとして、ここでひとまず現在の西洋史におけるアジールについて少し研究史を概観しておくことにしよう。西洋のアジール研究に関しては近年でも各国で盛んに論著が発表されているが、(6)ここではとくに日本の西洋史研究者による業績をみておくことにしたい。

まず、古代イスラエルにおけるアジュール法に着目する吉田泰は、古代ギリシアの「アジュール」の慣行の中に、すでに後の「アジュール法」（アジール権）にはっきりとみられるような法的違反者・宗教的背反者という認識が存在していたことを確認したうえで、「タブー」から出発したアジールが社会的諸条件のもとで、非宗教化・世俗化していく様相を「全体的な流れからみると、アジュールの存在がますます高められはしても、弱められ、小さくは、決してならなかった」と理解している。(7)また中世イングランドにおけるアジール（聖域）を取り上げ実証的な検証を行った磯貝桂子も、アジールを国家の未発達の状態に対し人びとが双方の安全を保証する必要から生まれた宗教や習俗にもとづく規範の一つと捉え、「人々の承認によって成立していたアジールは、現代のように多様な価値観が併存する社会の中では存在できなくなっている」としながらも、一九八九年に米国がヴァチカン大使館を「不可侵の聖域として尊重」し、パナマで独裁的な地位にあったノリエガ将軍が逃げ込んだ際にも容易に踏み込んで逮捕しなかった事例を挙げ、(8)アジールは「時代の流れに伴い変質することはあっても完全に消滅することはまずない」とまとめている。このように西洋史のアジール権をめぐる研究は、歴史の大きな流れの中でそれを理解しようという強い意志にもとづいて行われ、近代社会におけるその形態にも課題をみいだしており、この点は本書においても参考にしなければならない歴史の見方である。

なお、ローマの奴隷制の問題を考える際にアジールに注目した島創平が、「教会のアジールが必ずしも奴隷を保護するものではなく、むしろその対象は自由身分の犯罪人や負債者であった」と指摘していることにも注目する必要があろう。(9)アジールに入り込む人間の身分や階層に着目するこのような見方は本書で分析していく日本の寺社におけるアジール権を考えるうえでも大変示唆的である。

ちなみに近年、とくにトュキディデスのアジール理解について疑問を示す池津哲範が「聖域逃避」という概念を用いてこの問題にアプローチする視角を提唱したことで、アジールをめぐる研究はあらたな局面に入ったといえる。池津は法制度史や社会学、文化人類学で用いられている「アジール」という概念の広さについてまず確認したうえで、とくに現代の大使館のように「司法権が局地的に食い違う場所への避難」も「アジール」とされている。「しかし、表面上は同様の避難行動であっても、政治的に独立した場所と、宗教的に特別視される場所とでは、全く同様の分析姿勢で臨むべきではない」と述べている。(10)

池津の基本的な考え方は、古典期の「ἀσυλία」は、外国人への「身柄保護特権」や「差し押さえ免除特権」と理解すべきであり、①聖なる空間で血を流してケガレを生むことを忌避する意識、②逃げ込んだ者を神の所有物とみなし害を加える者は聖物窃盗の罪にあたるとする意識、③逃げ込んだ者は神の嘆願者として神の保護を受けるという意識、から自動的に成り立つ「聖域逃避」とは根本的に違うという点にまとめられる。

筆者の本書における課題（日本のアジールの探究）を考えた場合、この「聖域逃避」という概念はいかに利用できるだろうか。この概念を超歴史的に適用しようとする場合、考慮しなければならない問題がいくつかある。池津の提唱する「聖域逃避」とは、大まかにいえば「平和領域」「自由領域」などのように空間を指す傾向の強い一般的な「アジール」ではなく、「宗教的に特別視される場所」へ避難する行動のことであるが、池津も認めている通り、現代用語として「アジール」という言葉が用いられていることもあり、日本史の問題を考えるうえで常に世界史との比較を意識におくためにも、本書ではあえて「アジール」という用語を「空間」と「行動」の両面で使用していきたい[11]。というのも「アジール」の史料的考察が希薄な日本のアジール研究において軽率に西洋史学界の動向に便乗し「聖域逃避」という概念を用いてしまうのはあまりに危険であるからだ。日本の「アジールの思想」の如何をより経験論的に把握していくためにも、本書ではとりあえずのところ前述のように「アジール」を用いていきたい。

2　文学における「アジール」

アジールの問題については、文学の領域においても盛んに取り上げられている。代表的なものを列挙すれば、清水良典・北川扶生子などの論稿が挙げられる。

清水はとくに川上弘美の小説『センセイの鞄』『石に泳ぐ魚』に着目し、「性的アジールとしての〈老い〉」という論理を導き出す[12]。つまり『センセイの鞄』の題材とされた小学校の時のセンセイである「松本春綱」と「ワタシ」との熟年の恋愛関係について、「もし『わたし』がセンセイに『一線』を迫り結婚を望んだり、逆にセンセイが『淫慾』を回復する努力をしていたとしたら、二人のレンアイが悲惨な結末になったことは容易に想像できる」とし、「〈老い〉の負性が、むしろアジールの積極的な条件として機能している」と評している。さらに清水は『石に泳ぐ魚』の検討もふまえ、結論として「〈老い〉は必ずしもネガティブな欠落や喪失の現象ばかりではなく、自らにとっても慰安となるべき未来のアジールたりうる」という考え方を提示している。清水のこの議論は、いささか難解ではあるが、要するに〈老い〉があることによって二人のレンアイは成立したのであって、その点で一種のアジール的な機能を果たしていたという論旨であろう。

また、夏目漱石の小説『門』に着目する北川扶生子も、主人公・宗助が仏門に救いを求める理由を「禅や書画などの伝統文化」が「女のいない世界で、教養を媒介に男同士が関係を結ぶ」ものであり、「女によってモノ化され記号化される男の恐怖を隠蔽する〈避難所《アジール》〉として、これらの文化が機能」していた点について指摘している。(13)

さて注目したいのは、これらのアジールの使われ方が本来の意味ではなく、聖域やユートピア、非日常的な無縁・ハレの空間といったプラスのイメージで用いられている傾向が強いことだ。本来アジールは犯罪者の逃亡を容認するものであり近代社会においては認められるはずのないものであるが、ここでそれが肯定的に捉えられている点に、網野善彦の無縁論・アジール論の影響をみてとることができる。

ちなみにアジールとは少しだけ概念が異なるが、江戸時代の駆込寺や縁切寺をテーマにする歴史小説も数多くある。江戸時代の縁切寺などは同時代の川柳にも盛んに詠まれており、それが今日でも小説の題材として使用されている点にアジールが世代を超えて求められていることが示されていよう。(14)このことを考えただけでも、まさしくアジールは超歴史的概念であり、古今東西に関わらず多くの人びとを魅了してきたテーマなのである。その点でいえば、世界各国の建国神話の中にもアジールの傾向をもった多くの事例をみいだすことができる。『旧約聖書』における「逃れの街」もこの事例の典型といえるだろうが、今日でもその社会に深い影響を与えているアメリカの建国神話などにおいても、その要素を多分にみいだすことができる。ちなみに先に確認した通り、アジールは「犯罪者」を対象とするものであるが、ここで考えておかなくてはならないのは、「犯罪」の意味の多様性である。後に詳しく考察するが、〝何らかの窮地に立たされた人びと〟もアジールに入る有権者として捉えることができる。

アジールは文学・小説の分野においては肯定的に捉えられることが多いが、それは一概に否定すべきではなく、むしろアジールを肯定的に認識させた「社会」そのものにこそ注目していかなくてはならない。

3　社会学における「アジール」

アジール（英語ではアサイラム asylum）を社会学の中で考えるうえで、まず念頭に置かなくてはならないのはゴフマンの『アサイラム』という著書である[15]。これは精神病棟の分析をもとに書かれたものであり、本来の意味でのアジールとは様相を異にしている。しかしゴフマンの研究はそれらが世俗の空間とは異空間であったことを前提とし、「全制的施設」の聖なる個人の「剥奪」（自己の無力化過程）を指摘したものであり、その点でいわば管理された「アジール」の姿が巧妙に描き出されている。

一方、奥井智之は現代のさまざまな空間を監視や管理とは正反対の意味のアジールとして認識し、概念をやや広げて用いている[16]。また「現代青年をひきつける現代都市の魅力とは一体何か」という問題について、新宿（都市）の「心象」という観点からアプローチした高倉純一も、著書『都市と青年』のサブタイトルを「私のアジールを求めて」としており、[17]アジールを現代社会の中にもみいだそうとする研究がいくつも生まれてきている。

社会学のもう少しマクロな問題からすれば「逸脱論」との関連でアジールは検討されるべきであろうが、とりわけ重要な研究としてR・K・マートンの理論と比較しながら柳田国男を説明する鶴見和子の視点（社会変動論）が挙げられる。社会規範に対する個人の反応のタイプとして、鶴見は次のように分析する。

社会規範に対する個人の反応のタイプを、マートンは五つに分類した。柳田の山人「絶滅」への六つの道筋の「其二」は、マートンの「同調主義」（価値においてもそれを達成すべき制度化された手段においても同調）に、「其四」は儀礼主義（価値において同調せず、制度化された手段においてのみ同調）に、そして第六は「隠遁主義」（価値においても、制度化された手段においても同調しない。しかし、戦って価値および制度化された手段を変えようとはしない。戦って変革する態度をマートンは反抗主義とよぶ）。マートンの図式と比べてみると、抵抗の類型として、反抗主義が、柳田の著作には見られない。……柳田はハレの場の抵抗よりも、そしてエリートによる抵抗よりもむしろ、ケの場の、そして大多数の常民が実際に日常生活の中で、これまでおこなってきた抵抗の原型をとりだそうとしたのである。そして、儀礼主義および隠遁主義が日本の常民の抵抗の原型であることを示したのである。[18]

ここでの「隠遁主義」のイメージは、明らかに「アジール」につながるものがある。また鶴見は「漂流民」の「好奇心」に着目し、「日本人の好奇心は、日本社会の多重構造によって、触発され、保存され、強化されてきた」という仮説を提示している。この視点はこれからのアジールを考えるうえできわめて重要な指摘といえよう。

一九八〇年代に登場する浅田彰の『逃走論』もアジールとの関連で注目すべきである。浅田は人間にはパラノ型（偏執型）とスキゾ型（分裂型）があるとし、これからの時代、一家の発展をめざす《パラノ人間》が中心の《住む文明》から、一瞬一瞬に賭けるギャンブラーのような《スキゾ人間》のくり広げる《逃げる文明》への「大転換」を「予言」した。(19)

社会学という固有の学問領域から出てきたものではないが、これらの著作もアジールと深く関連しているテーマといえる。

4　民俗学における「アジール」

民俗学の領域でも、アジールは意外に古くから注目されてきた問題である。『日本民俗学辞典』に「世俗の権力から独立して、社会的な避難所としての特権を確保し、あるいは保証される場所」と、詳細な説明が施されていることからもそれは分かる。たとえば宮本常一は名著『忘れられた日本人』の中でかつて平泉澄がアジール研究の素材とした対馬の同様の風習に注目しているし、新谷尚紀も「聖と俗の分離は空間についても行われてきた。特定の空間（土地や地域）を聖なるものとして、世俗的なものから切り離す。その「アジール（聖域）」は絶対不可侵の地とされた」などと記している。(20)

しかし、ここでもアジールを聖域としている点で、やはりかなり広い意味での概念把握がなされており、その具体的な様子は明確でない。なお民俗学で扱う分野が、アジールとかなり密接に関わっていることは事実である。たとえば後で詳しく取り上げるが、「神隠し」や「縁切り」などはアジールと深く関わっており、柳田国男が精力的に研究した問題にもアジールにつながる論点がいくつもある（「橋姫」や「山中他界」、「隠れ里」など）。

また、一九八〇年代以降、積極的に網野善彦らと対談をした宮田登も、柳田・折口の民俗学の伝統的な研究をふまえたうえで「ユートピア」（「もともと存在はしていないが、人間の想像力の及ぶところのもっとも理想的な世界」）についてさまざまな民俗事例を紹介している。(21)

今日、アジールの概念が意外と一般にも広く知れ渡った最大の理由は、一九八〇年代を中心とした戦後高度経済成長の末期的な状況に際し日本人の民俗文化への関心が高まったことにあるだろう。『となりのトトロ』『もののけ姫』『千と千尋の神隠し』などの宮崎駿の映画にもその影響が多分にみられることは、すでに指摘されていることである。(22) 民俗学は、これまで基本的には、歴史の史料からこぼれ落ちる個々のふつうの人びと（常民）に眼を向けよう、という関心から研究が進められてきた。しかし、これまでのところ、このような民俗学的な視点から「アジール」を大きなテーマとして論じた著作は存在しない。それにはさまざまな理由が考えられるが、民俗学の研究姿勢を十分に継承した「アジール」の研究が今日求められていよう。

5　宗教学・文化人類学における「アジール」

宗教学におけるアジール研究については、中沢新一の研究が最も有名である。中沢は「アジールと資本主義は、ごく身近なところにある」というテーゼを示し[23]、日本中世史の桜井英治などに影響を与えているが[24]、アジールについての基本的な考え方は『僕の叔父さん 網野善彦』の中で克明に示された。

アジールは人類学や宗教学では、古くからよく知られた主題である。神や仏の支配する特別な空間や時間の中に入り込むと、もうそこには世俗の権力やしがらみによる拘束が及んでいない。そのため、アジールの外でたとえ罪を犯した者でも、そこに逃げ込めばもう法律の追求は及んでこられなかったし、いやな結婚から逃げたいと思っている女性や、苦しみ多い奴隷の生活から脱出したかった者も、多額の借金をかかえてにっちもさっちもいかなくなった者などでも、アジールの空間に入り込めば、いっさいの拘束や義務から自由になることができたのである。……」[25]

ここで示されたアジールの概念は実はかなり広く、アジールがどこまで機能し、あるいはどこで制限がかかっていたのか、その具体的な姿はみえてこない。しかしながら、歴史学的手法では限界のある、アジールが成立する論理的背景を見事に言い当てているといってよかろう。ちなみに竹中信常も、タブー（禁忌）との関連でこの問題に積極的にアプローチしている[26]。ただし、これらのアジール論では人類史一般の理論の抽出が急がれ、アジールの地域的な特質や社会の違いによる差異についての具体的な検討のあいまいさを残すことになっている点は否めない。

6　政治学における「アジール」

アジールの問題を「庇護権」として捉えた場合、政治学や法学においても多くの研究書を紐解かざるをえない。とりわけ重要なのが島田征夫の体系的な研究である。[27] 島田は庇護権を「宗教的庇護」「外交的庇護」「領土的庇護」「政治的庇護」の四つに分類する。とくに亡命権については、ドイツの憲法問題とも深く関わり、この点での研究論文もすでに多く発表されている。[28] 昔農英明は現代ドイツの「教会アジール、教会庇護（Kirchenasyl）」という難民保護運動に着目し、アジール概念の歴史的変遷をとくに「庇護権」の問題に絞り整理している。[29] また小田博志も、同じく現代ドイツの教会アジールを分析したうえで、「教会アジールとは、国民国家の秩序において居場所なき者のための居場所」であり「国家の内部にありながらそれを超えるような「内部の外部」である。」と解いている。[30]

なおアジールは近代国家が国民を把握・監視する際に、どこまでを「親密圏」（intimate sphere）として保障するか、といった問題でも議論されるべきところであろう。

7　日本史の領域における「アジール」

日本史の領域において、アジールという言葉は現在かなり広汎な意味で使われている。一般的に聖地（sanctuary）と同義のように語られる傾向が強いが、網野善彦は「アジール（避難所）」は、『無縁』の原理の一つの現れ方にすぎない。これまで見てきたように、この『原理』は、きわめて多様な形態をとりつつ、人民生活のあらゆる分野に細かく浸透しているのである。子供時代の遊戯から、埋葬され墓場に入るまで、人間の一生は、この原理とともにある、といっても過言ではない。人類史の法則をここからつかみうる、といったのは、そこに理由がある」と説明している。

網野は「無縁の原理」（＝「原始の自由」）という新しい理論を提起し、その歴史の進展をその衰退の過程だと捉えた（図1）。つまり網野のいうアジールとは「無縁の原理」から派生してくるものであり、その点で概念が大変広く、あらゆる現象を「無縁」の言葉で説明してしまうものであった。後に続く笹本正治[31]や藤木久志[32]の研究においては、この理論の影響をもとに、これまで考えられもしなかった新しい事実を次々に浮き彫りにさせることに成功し、この概念そのものが大した史料批判を受けずに受容されてしまい、問題の混乱を招くことになってしまったように思われる。ごく最近、保立道久は無縁論（あるいは無所有論とも）を図2のように捉え、戦後中世史学の中で網野の業績を位置づけている。もちろん、これまでの歴史学研究においても、民俗学や人類学の業績を部分的に引用するような研究は数多く出されているが、網野の「無縁論」は全人類史的な構想を下敷きにしたシェーマであり、その点かなり大胆なもの

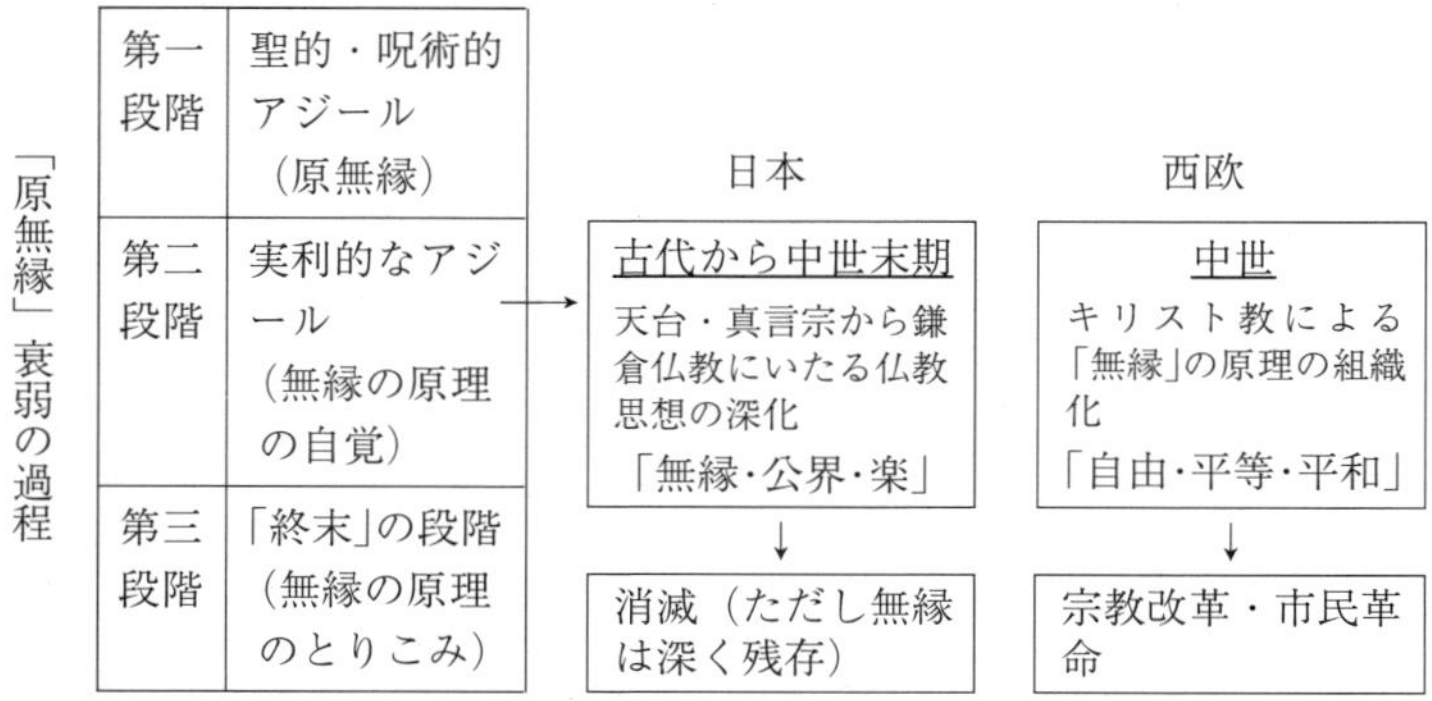

図1　網野善彦の「無縁の原理」（『無縁・公界・楽』参照。著者作成）

であった。

ちなみに今日の日本中世・近世史の領域においてもアジールの概念は定まっていない。「アジール（避難所）」「アジール（聖域）」「駆込寺（アジール）」「アジール（待避所）」のような言葉が頻繁に使われ、かなり広い概念で「アジール」が捉えられている。[33]

	階級的		勤労的
集団的所有	①集団支配		②共同性
境界的所有　（「庭」的所有、「無所有」） ①自然的テリトリー所有（山野河海） ②社会的テリトリー（市庭・縄張り）			
私的所有	③私的支配		④自由な個性

図２　保立道久の「無縁論」概念図（「網野善彦氏の無縁論と社会構成史研究」『年報中世史研究』32、2007より）

とくにそれは近世史の研究に大きな影響を与えているように思う。つまり、近年の佐藤孝之などの研究により、江戸時代の地域社会においてかなり細部にまで駆込寺が残存していたことが明らかにされたが、[34]それは「アジールの変質」という理解を必ずしも脱しきれていない。すなわち日本中世に存在したとされるアジールと近世の駆込寺との関係が不明瞭なまま立論されているように考えられてならない。これは従来の研究[35]において、中世に広くみられたアジールが、江戸時代には東慶寺・満徳寺を中心とする縁切寺に収斂されていくと考えられてきたことにもとづいているが、世界史レベルで考えた場合、近年の研究が明らかにした事例は「アジールの変質」ではなく「アジールそのもの」であった。[36]そして筆者はむしろ日本の中世には（西欧社会にみられたような）アジールは限定的にしか存在せず、近世になってからそれがしだいに形成されていったと考えるべきだと提案したい。日本史におけるアジールの研究史の整理および筆者の見解については本章で扱えるものではないので、章をあらためて述べる。

第二節　アジールの定義の再検討

以上のような研究史全体の整理を踏まえて、[37] 筆者はアジールを「犯罪者がひとたびその中に入り込むと、それ以上その罪を責めることができなくなる空間」と定義する。これはアジールに入り込む主体を「犯罪者」に絞り込んだ概念規定であり、従来考えられてきたものよりもずっと狭いものとなっている。この規定が完全に正しいとはいえないが、アジールの歴史的展開の本質を示すうえでかなり効果的な定義であると考える。なおこの定義は研究史上からいっても、また今日の認識においても矛盾していない。それは以下の理由による。

理由①：今日、「アジール」という語は、「世俗の世界から遮断された不可侵の聖なる場所、平和領域。自然の中の森・山・巨樹や、奴隷・犯罪者などが庇護される自治都市・教会堂・駆込寺など。」(『広辞苑　第五版』)として捉えられている。またアメリカではアジールasylumは「《正式》避難、亡命、保護。(一般に)(安全な)隠れ場、避難所《昔犯人・負債者などがのがれた寺院・教会などもさす》」として用いられているし(『ジーニアス英和辞典』)、ドイツにおいてもasylは「(外国の政治犯・亡命者に与えられる)保護」という理解がなされている(『エクセル独和辞典』)。

理由②：政治的庇護と宗教的庇護の両面をカバーしている点。ただしこれは社会・歴史的な位置づけが求められる。

理由③：アジールの概念は、時代や社会の変化にあわせて大きく変わる。よって、概念を固定的にとらえてしまうことは、当時の社会状況を無視した理解に陥ってしまう危険性もある。それを避けるためにも、ある程度まで脱構築的にとらえることが有効であると考えられる。

さて次に問題となるのが、この「犯罪者」の定義である。矛盾するようだが、ここでの「犯罪者」は通常考えられているよりも広い意味で捉えたい。というのも「犯罪者」というレッテルは、法律が整備されている今日的な常識からみればある程度固定的な概念のように思われるが、古い時代には為政者・権力者（あるいは共同体）の意図に任せ、恣意的に選択されてきたからである。ギリシア・ローマ（キリスト教以前）時代、それから古代エジプトにおけるアジールの規定者の中心が王や皇帝であったことからも知られる通り、「犯罪者」というものは一種のレッテル貼りであり、それを認定する主体の思惟によってつくられるものであった。これはレイベンリグ理論と深く関わる問題である(38)。

レイベリング理論では、第三者から「犯罪者」というレッテルを貼られたことによって、その当事者自身も〝自分は犯罪者だ〟と思い込んでしまい、実際にそのような犯罪的行動に走ってしまうような場合を想定するが、アジールに駆け込む人びとの心性にもかなり多様性があることに理解を及ばさなくてはならない。自らの「罪」を悔い改めるために主体的に宗教施設へ駆け込むこと――たとえ、その人の犯罪が社会によって認識されてない「懺悔」レヴェルのものであったとしても、その人にとって自分＝「犯罪者」

であり、やはりこの場合もアジールとなりうるのである。

そもそも古代社会においては禁忌《タブー》などの問題により、罪《ツミ》観念がかなり幅広く取り扱われていた。「ケガレ」の状態が広く「罪」と認識されており[39]、この考え方は江戸時代の駆込寺の思想にも大きな影響を与えていくことになる（第二部第三章参照）。また筆者は、戦時期の「徴兵よけ信仰」や現在もみられる「縁切り信仰」もとくに精神・文化の領域でアジールの一種だと考えており、この概念規定はそれをも射程においている。

以上が筆者のアジールをめぐる理解であるが、以下でさらにそのアジールを四つの機能に分析し、第一節でみたような多様な概念を綜合していきたい。

第三節　四つの機能

さて、アジールをめぐる世界史的な研究史を概観し、かつ筆者のアジールの理解を示してきたが、以上の点を前提にすると、図3のようにアジールを機能分析することができる。まず（A）の「隠遁主義」というのは、アジールの出家遁世機能を意味している。古代・中世の段階において特徴的なのは、貴族や武

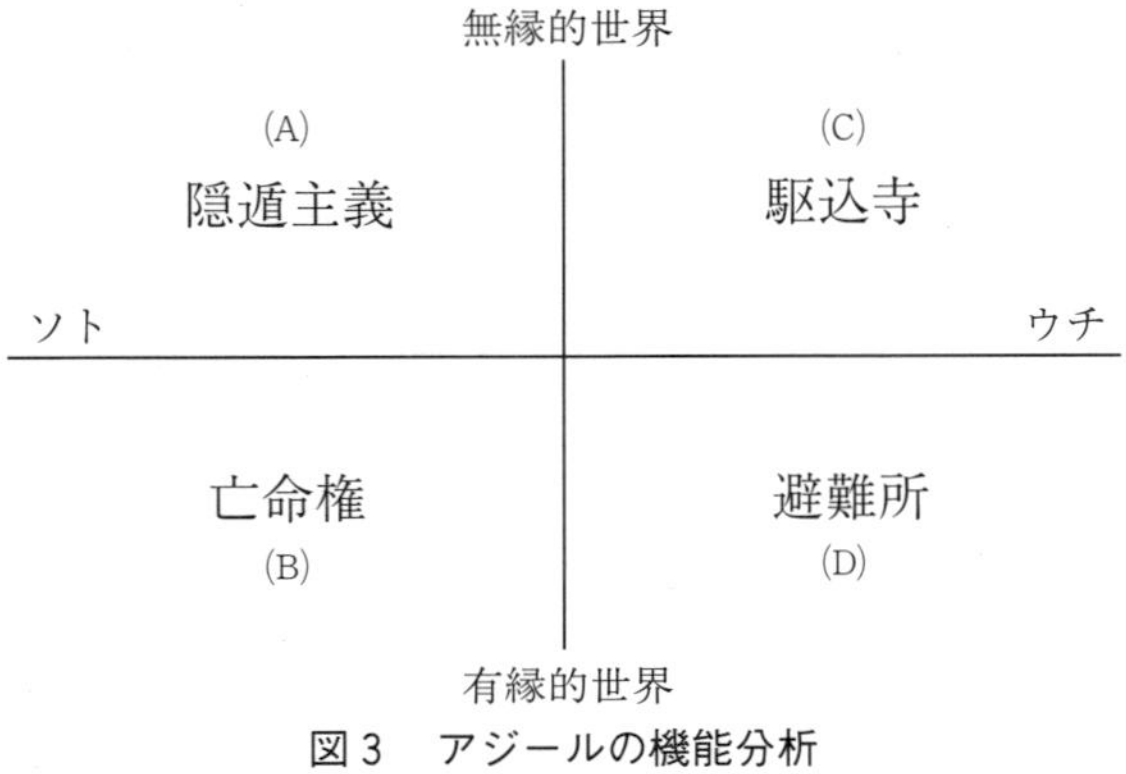

図3　アジールの機能分析

士の出家の流行である。政治や恋愛において何らかの失敗をした人が世俗（世間）から引退し、出家してしまうことは平安時代の説話や日記などからもよく知られていることである（これと同様なものに、室町期以降しだいに形成されてくる「隠居」がある。現代でもこのような慣習は生き続けている）。

なお、古代においては庶民の中にも遁世者が多く出たことが『日本霊異記』などからよく知られている。ほぼ「聖域逃避」という概念に近いが、ここではその場所《スポット》だけではなく自分自身もアジールとなりうることが十分に考えられるから、広く「隠遁主義」の語を用いることにする。次に（B）の「駆込寺」。これは通説では中世から存在するものと考えられているが、筆者は江戸時代から具現化するものであり、中世はきわめて例外的な事例に限られると理解している。（C）の「逃亡」については、前近代の浮浪・逃亡、逃散などという共同体からの具体的な逃げる行為を指す。近代においては「亡命」として他国への逃亡を意味した。(D)の「避難所」[40]については政府による保護の機能である。孤児院・精神病棟・監獄などもこの中に入れられるであろう。

以上四つの機能について、筆者は日本の歴史においては二つの大きな変革期があったと想定する。最初の画期は中近世移行期であり、縦軸が大きく左へシフトして（B）（D）の機能が強められた。もう一つは明治維新期であり、ここでは横軸が大きく上へシフトし、（C）（D）の機能が社会の中で強められる。そして（A）（C）については近代国家において、少なくとも社会的な表層のレベルにおいては消滅することになった。このとき有縁（俗）と無縁（聖）がぶつかり合う結節点こそ、宗教の時代から政治の時代への転換であり、日本史の大きな変革の時期であったと考えられる。ちなみにアジールに入り込む側からの視点としては図4のように描けるだろう。私たちは、「ウチ」と「ソト」の狭間（阿部謹也のいう「世間」）で生きている。そして、一度「苦」を受けたときの避難先が「ウチ」と「ソト」のそれぞれに用意されているのである。具体的には後述するが、筆者は以上のような概念規定を新たに提起してみたい。

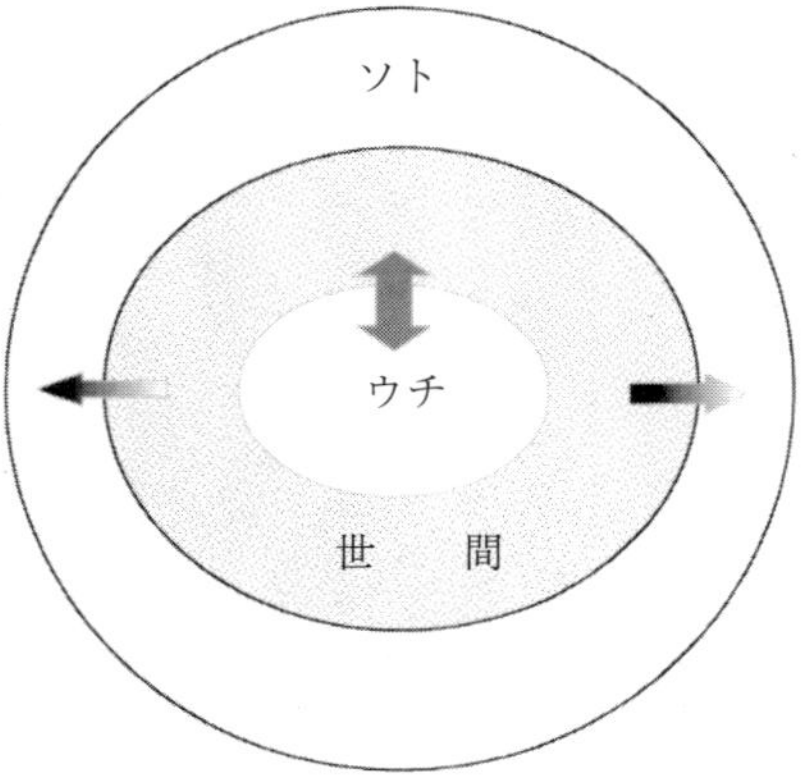

図4　アジールに入り込む側からの視点

網野の無縁論は、現在の学界においてもかなり有力な学説であり、たしかに一方でさまざまな批判は聞こえるが、一つの常識としてそれが位置づけられていることは疑いようのない事実といえよう。しかしそれは支配的であるがゆえに、本来必要とされるはずの史的背景の考察が不徹底になり、社会現象的な理解にとどまっているのが現状であろう。この無縁論にもとづくさまざまな理論に対して緻密な史料分析と新たな理論の仮説的な提示により、少しでも批判・弁証させていくことが求められている。

第二章　アジールの「ソト」と「ウチ」

第一節　「ソト」と「ウチ」

日本中世の領域認識、いわゆる四至については近年盛んに研究され、多くの興味深い成果が報告されてきている。その代表的なものとしては村井章介による「マージナル・マン（境界人）」の活動に注目した研究が挙げられるであろうが、[41]一方で「東北学」[42]などの隆盛にともない東北地方の辺境（列島の東の境界）について注目する研究も大石直正や赤坂憲雄[43]などによって盛んに問題とされてきている。そして『延喜式』が書かれた当初は陸奥国が中世国家の東の境界だと認識されていたが、その後鎌倉時代に外が浜（本州北辺の海岸）へと境界認識が変化したことなどが明らかにされた。

しかし一方で、本書のテーマであるアジールの問題については一九七〇～一九九〇年代の阿部謹也・網野善彦などの業績の後、現在ではそれを取り上げて、中世国家との関連などから積極的に論じようとする研究はほとんどみられなくなった。[44]それはアジールの問題が学界において否定されたというよりも、むしろ定説化してしまったためであると考えられるが、領域・境界意識を考えるうえで、アジールの問題はやはり重要視すべきであろう。

ちなみにアジールに四つの異なる機能があることは先にみてきたが、それらを分ける重要な概念である「ソト」と「ウチ」について、本章では新たな見方を提示したい。(45)ただし、本書で使う「ソト」と「ウチ」という二項対立は、社会学などで広く取り扱われているものよりも、より具体的であり、「ソト」という言葉そのものに着目したものである。

まず「ソトのアジール」、「ウチのアジール」と、作業仮説的に提示してみたい。「ウチのアジール」は私有権に関わるアジールであり、研究史上で考えれば「家のアジール」や政治的な避難所、そして駆込寺もこの範疇に入るであろう。つまり〝共同体の内部に存在するアジール〟と大きくまとめられる。またこれとは反対に〝共同体の外部に存在するアジール〟も想定される。たとえば、国外への亡命や山林への逃散は明らかに「ウチ」ではなく、「ソト」に向かうものであり、こちらのほうを「ソトのアジール」と呼びたい。まずここではこの「ソト」について検証していくことにしよう。

平泉澄の『中世に於ける社寺と社会との関係』の中で最も目を引くのは対馬のアジールについての分析である。彼はまず『海東諸国紀』の以下の記述に注目する。

> 南北有高山皆名天神南称子神北称母神俗尚神家家以素饌祭之山之草木禽獣人無敢犯者罪人走入神堂則亦不敢追捕

この記事にある「南北高山」は龍良山《たてらやま》と天道山のことであるが、平泉の調査では土地の古老もアジールの風習については知らず、また享保年間（一七一六～三六）に書かれた『津島紀略』の中でも「家々精進して祭ると、罪人を捕へざるとの二ツは疑はしき説也、今州俗是等の事なし、古には此事ありしやしらず」という状況であったという。対馬のこの風習については民俗学者の宮本常一も調査を行っており、「浅藻ちう所は天道法師の森の中で、人の住んではならんことになっておった。このあたりでは、そういうところをシゲというてなァ、あそこは天道シゲじゃけに住んではならん、けがれるようなことをしてはならんと、土地の人はずいぶんおそれておった。浦の奥の浜は通らずの浜というて、人一人通ることを許されだった」[46]という聞書を得ている。

左側の高い山が龍良山（内山峠より）

　天道山には、天道法師の墓といわれる平たい石の集積塚があり、「卒土《そと》山の恐ろし所」と呼ばれていたが、平泉はこの「ソト」という言葉について、対馬と地理的に近い朝鮮半島の蘇塗《そと》（ソッテ）という悪霊除けの風習に由来するのではないかと指摘した。その根拠となったのが『三国志』東夷伝馬韓条の次の記事である。

　韓其俗……信鬼神、国邑各立一人、主祭天神、名之天君、又諸国各有別邑、名之為蘇塗、立大木、懸鈴鼓、事鬼神、諸亡逃至其中、皆不還之、好作賊、其立蘇塗之義、有似浮屠、而所行善悪有異……

ここから平泉は「この古代朝鮮の蘇塗の風習が、之に近接した我が対馬島にも伝はつて幾多のアジールを生ぜしめ、而してそれが朝鮮に於て既に湮滅した後にさへ、猶この島には残存して居つて、海東諸国記乃至稗官雑記の著者をして、奇異の事として之を特筆せしめ、やがてその風俗の全く対馬人に忘却せられた後にも、尚ソトの内、ソトの山等の語と、種々に附会せられた伝説とを残したのである」という結論を導き出しており、この考え方は今日でも多くの研究者に高く評価されている。(47) 一部、網野善彦が「原始民族にアジールはないという平泉氏の論旨からいえば、当時の日本は、朝鮮よりもはるかに原始的であった、という結論がおのずからでてくるはずなのである。ところが、平泉氏は決してそうはいわない。このような『国粋主義』が、後年の平泉氏の皇国史観を生み出したのであるが、これは今も、決して克服され切っているわけではなかろう」（『無縁・公界・楽』）と批判しているが、「ソト」＝アジールとする見方についての批判は今日まで管見の限り存在しない。以下、平泉が引用する「卒土」の記載のある史料を列挙してみよう。

・天道菩薩入定地、在酘豆郡卒土山半腹之上、計畫其地、則縦横八町計餘、而中積餘、而中積疊平石、以有九重寶壇、其境絶勝、雲掩霞遮、鬼守神護、不生雑草、不掃無塵、實天上覩史、地外霊場也。（『天道法師縁起』）

・右之内、内院之しげは辰ノ方ニ向テ弐町程、横四十間程、是は天道大菩薩御誕生之所、上山之しげハ戌の方向テ八町角、是ハきやうお被成候所、卒土之内之しげは午ノ方向テ八町角、是ハ御入定所、右三所ノしげは人けつかひに候、其外は人出入仕候（『般豆郡寺社記』）

ここで平泉は「卒土」という言葉を「外」という意味ではなく、先述したように朝鮮半島にみられる祭祀空間を意味する名詞だと理解する。この「蘇塗」に近い風習は現在でも残存しており、日本の鳥居との関係についても指摘されている。[48] しかし、筆者はここで「卒土」と「外」には深い関係があるように考えたい。それは永留久恵がすでに指摘している通り、この卒土が「境外《そと》」として理解できることもあるが、[49] 現在、対馬半島に「内山」と呼ばれる山があることがその大きな理由として挙げられる。いうまでもなく日本語で「ソト」という発音を考えたとき、真っ先に思い浮かぶのはこの「内」に対する「外」という言葉であるが、ここでの「内山」も「卒土山」に対していつの時代にかそう呼ばれるようになったのであろう。

しかしこの「外」という字は古くは「ト」と呼んでいたらしく、「ソト」と読まれるようになるのは平安時代以降であるという。この点についていかに理解すべきであろうか。言語学者の大野晋はウチ（内）とト（外）の区分について、「自己の領域」（内）と「縁のうすい領域」（外）であるという見解を示しているが、[50] 注目すべきは奈良時代に「ト」（外）がいわゆる「無縁」（＝縁のうすい領域）として考えられていたことである。「ト」の使用例をいくつかみてみよう。

人国は住みあしとそいふ速やけく　早帰りませ恋ひ死なぬとに（『万葉集』３７４８）

とひとまにも己が家授くる人をば、一日二日と選び、十日廿日と試み定む（『続日本紀』第七詔）

ここで注目したいのは「ト」が、古代において否定的な意味の用語として使われていたことである。「トヒト」についても「いやしい、下品だ」という意味があったことがすでに指摘されている。次に「外」

という漢字の使われ方についても確認してみよう。

・穢く悪き疫鬼の所所村村に蔵り隠ふるをば、千里之外、四方の界、東方陸奥、西遠値嘉、南方土左、北方佐渡よりをちの所をなむだち疫鬼之住と定賜ひ行賜て……（『貞観儀式』）

・山城国、愛宕、葛野郡の人、死者あるごとに便ち家側に葬り、積習常となす、今、京師に接近し、凶穢避くべし、宜しく国郡に告げ、厳に禁断を加ふべし、若し犯違あれば外国に移貫せよ（『日本後紀』延暦十六年（七九七）正月二十五日条）

ここで「千里の外」が「疫鬼之住」として捉えられていることは、先述した『三国志』の「蘇塗」が「好作賊」（賊の住みかとなる）という記事と構造的に一致しており、穢《ケガレ》が都より「外国《とつくに》」に追い出されていたことも知られる。また「外」については次のような表現も目にする。

諸悪鬼神等。皆悉出去我結界之処。七里之外。（『三教指帰』）

すなわち「外（ト）」は鬼神が住む場所として、畏怖されていたことが分かる。よって「外（ト）」は古代において悪鬼神が広く住む恐ろしい領域だと考えられており、それゆえにアジールとしての性格をもっていたことが想像されよう。このことを裏づけるのが、愛知県鳳来寺の鳥追いの儀式である。

〽是等（こりうら）を集めて当山へ差（し）入れ、奥山へ差（し）入れ、柾の木の葛を本うちかいやすめ、末うちかいはやし、かいまり〳〵とかいまいて、東へさして追はんば、津軽や合浦（かっぷ）、外の浜へ追ふべし。南へさして追はんば、南海や普陀洛、外の浜へ追ふべし。西へさして追はんば、筑紫や鎮西、外の浜へ追ふべし。北へさして追はんば、越後や越中、外の浜へ追ふべし。

けちか（飢餲）、れきれい（疫癘）、にが（苦）水、にが（苦）風、害病はなふし、おっとり集めて、かいまりくとかいまいて、天へさして追はんば、天竺天の雲の果て追ふべし。下へさして追はんば、泥犂（ないり）の底へとんと追ふべし[51]」

これについてはすでに大石直正が「鳥追いが成功すれば、外の浜の内側は飢饉も疫病もない平和で安泰な暮らしが実現するが、外側にはこれらの害悪が寄り集まってくることになる」と指摘しているが、「ソト」にはこのような畏怖を背景とするアジールが存在しており、またそれは朝鮮半島の「蘇塗」（ソト）とも同一の意味構造を有していた。さらにそれは古代の「ト」とも連続する心性がみられる。要するに《「ト」＝「卒土」＝「外」＝恐怖・異空間》といった認識が存在していたといえるであろう。また対馬の「卒土」は「外」でもあり、卒塔婆としての意味合いも持ち合わせている。対馬各地にみられる石壇のようなものはいわゆる「卒塔婆」に近いものであり、それがいつの時代かは不明であるが、人間界の〝外〟の世界だと強く認識されるようになっていたのではなかろうか。

次に東北地方の「卒土の浜」について、まず「卒土が浜」と「外が浜」の相違について注目してみよう。つとに『曽我物語』などでは「外」という漢字が与えられているが、天文年間に書かれた「津軽郡中名字」には「東卒都の浜近代外ト書クニハ」と注がなされている。なおこの「卒土」の字を当てたものとして知られるのが、『詩経』にある「普天之下、無非王土、卒土の浜、無悲王臣」という言葉で、ここでいう「卒土の浜」は「王土のつきるはて」という意味であり、それが「外の浜」の語源となったという説もある。このような「率土《そっと》」という使われ方は日本にも多く、『続日本紀』養老元年五月条にみられる「率土の百姓」などといった表現がよく知られている。これは朝廷（内）に対しての卒土（外）の表現と考えられ、まさしくその意味で卒土＝外（ソト）として理解できるのではないだろうか。

　以上のことから推測するに、「卒土」（ソト）という言葉は、共同体から離れた無縁――人の住む場所ではない――との意味で使われていたのだろうが、この言葉には現在普通に使われている「外」とは比較にならないほど深刻な意味が含まれていた。そして、この「外」という言葉には当初からアジール性も結びついていたのである。ちなみに現在の地名の中にもこの古代人の心意はたしかに残存している。日本全国各地に「卒土」「外」、あるいは「袖《そで》」の付く地名は多いが、これらの地域には不思議とアジールに関連する伝説や民話、習俗などが多く存在している。この理由については、中沢新一が著書『アースダイバー』の中で示す「人間は昔から、なにかにつけて『さきっぽ』の部分に深い関心を持ってきた。そのさきっぽの部分で、人間にとってなにか重大な出来事がおこるのを期待してきたからである。古代語で『サッ』という音そのものが、境界を意味していた。人間の境界を越えてなにか重大な意味や価値をもつものが、古代の人間の愛好する思考法である。この世に

卒土神社（千葉県袖ヶ浦市）

あるものの価値や数が増殖をおこすのは、きまってミサキにおいてでなければならなかった」という理解が一つの示唆を与えてくれるであろう。(52) 岬や袖は、外の世界に隣接する境界域であり、当然そこは日常世界からアジールへと逸脱する入り口として認識されやすい構造になっていた。だからこそさまざまな民俗文化がここに形成されてきたのであろう。

第二節　無縁＝恐怖

以上、卒土のアジール性について論じてきたが、「卒土」と「外」の関係についてさらに深く考えてみたい。先述したとおり、対馬にみられる「卒土の浜」や東北地方にみられる「外ヶ浜」は両方とも「そと」と読み、両者は中世日本の境界ということで軌を一にしている。また津軽の外ヶ浜でも「卒塔の浜」などと書かれたものもあり、意味するところはほとんど同じであり、それは先述した鳥追い行事などの事例からもうかがえる。「ソト」という音には何か特別な意味が考えられるのではないだろうか。

ここでまた注目してみたいのは、『三国志』東夷伝の記事である。それによれば「蘇塗」は「浮屠《ふと》」に似ていると書かれている。「浮屠」とは仏塔あるいは「卒塔婆」のことであるが（「和漢三才図絵　十九」）、ここで蘇塗＝浮屠＝卒塔婆という図式が想起できることに注目したい。卒塔婆の語源はサンスクリット語のstūpaであり、現在の日本でも供養のためにお墓に多くみられるが、ここで考えなくてはならないのはもちろん「卒塔婆」（ソトバ）という読み方であろう。その点で興味深いのは『吾妻鏡』の次の記事である。

清衡管領六郡之最初草創之。先自白河関。至于外濱。廿余ヶ日行程也。其路一町別立笠卒都婆。其面図絵金色阿弥陀像。計当国中心。於山頂上。立一基塔。又寺院中央有多寶寺。

これは奥州藤原氏の初代清衡が、白河関より「外濱」まで金色阿弥陀像の描かれた笠卒塔婆を立てたことを示しているが、ここでいう卒塔婆が今日使われている卒塔婆と少し違う使われ方をしていることに注意したい。なお同様の内容をもつ史料としては次のようなものがある。

・康保四年五月廿日戊申、五畿内并伊賀伊勢国等廿六箇国、可立卒土婆六千基之由被下宣旨、高七尺、径八寸、依天皇御悩也。(「日本紀略 四 村上」)

・康頼入道は、あまりに故郷のこひしきまゝに、せめてのはかり事にや、千本のそとばをつくり阿じのぼんじねんがう月日けみやう、しちみやう二首のうたをぞかきつけゝる。(『平家物語』二)

・今按に町卒都婆とは、一町々々に一宛立る卒都婆なり、いまも高山には此事多し。(『類聚名物考 佛教五』)

・さて中頃佛教我国に流布してより、尊卑の別なく墳上に石の卒塔婆を建つることいできたれり、もと卒塔婆を建立するは、其人追福の為にする業にして、墓碑の例にあらざれば、三位以上以下の分別なく、庶士大夫も皆卒塔婆を建つるを以て常とせり(中山信名「墳墓考」)

一方で、現在のように墓上に置くものとして使われている事例も古くからある。

・多ノ人集リ立並テ、皆葬畢テツ、其後亦鋤鍬ナド持タル下衆共、数不知出来テ、墓ヲ只築テ、其上ニ卒都婆ヲ持来テ起ツ(『今昔物語集』二十七)

これらのことから、卒塔婆には墓上に置かれるものと、それ以外の土地に置かれるものがあったことが分かる。そしてこれらは恐怖・畏怖の対象となるものを鎮める機能として構造的に一致していた。対馬の卒土・シゲチ（茂地）がかつて葬地であったことが指摘されているが、(53) その意味もこの点から考察していく必要があろう。

卒塔婆は古くは率都婆、率堵婆、浮屠、浮図などと書かれたが、インドのストゥーパを語源とするもので、釈迦入滅後その仏舎利を納めた上に建てられ、後には釈迦に関連のある聖地を記念する施設としてインド各地に建てられたといわれる。卒塔婆は恐怖・畏怖の対象となる場に置かれたものと考えることができ、古くはアジールをあらわす表象であった。そして卒塔婆の風習は中国大陸・朝鮮半島・日本列島に広くみられるものであって、古代日本においてもおそらくこのようなアジールのような風習はかなり広くみられたことが推測される。

ちなみに「卒塔婆」に関して、たとえば福島県に「卒都婆峠」という地名があるが、ここには「助」（旅人救済用の施設）や「たすけ観音」が置かれていた（京都北山の廃村八丁の近くにも「卒塔婆峠」がある。その他にも岐阜県や和歌山県に「卒塔婆峠」があるが、これらはその土地の民間信仰（習俗）や山間信仰の影響が地名に刻まれたものと考えられる）。なお先述したように全国に「袖」という語を付した地名が多くみられるが、これも古くは「ソト」（あるいは「ソト・出」に由来するもの）であったと考えられ、「卒土」との関連が予測される。千葉県には「袖が浦」という地名があるが、そこには卒土神社があり、全国各地に「外」を「そで」と読む地域も多くある。福島県浅川町には袖山村という地名があり、その端村には「寺入村」という地名があったという。

以上みてきたとおり、「ソト」という語には外側の世界に対する畏怖とともに強い領域意識があったように考えられる。古代・中世の多くの人々にとって「外」は「鬼神の住む」異空間であってそこへ入り込むこと自体が恐怖であり、だからこそ逆にそこへ逃げ込めばそれ以上追うことはできないと考えられていた。あるいは、反対にそこが追放の地と考えられていたことも重要である。すでに多くの研究者によって確認されているが、東北の外ヶ浜が中世、流刑地として機能していたことはこれをよく物語っている。

最後に網野の「無縁論」について私見を述べ、小稿を閉じたい。網野の「無縁論」は先述した通り、一九七八年に公刊された『無縁・公界・楽』で論じられた概念であり、歴史学関係者だけに留まらず、周辺分野にも大きな影響を及ぼした。しかし、その一方で、それが発表されて間もなく永原慶二をはじめとする多くの研究者によって批判がなされたことも忘れてはならない。(54) それらの全てについてここで取り上げ、分析を試みることはとうていできないが、とりわけ注目すべき安良城盛昭からの批判をここでは検討してみたい。(55) 安良城による網野の「無縁論」批判は次の三点に集約される。

① 無主・無縁＝「無所有論」批判
② 無縁所・公界についての網野分析批判
③「自由民論」批判

この考え方に対して網野は「この自由民をめぐる論点について、安良城氏の批判に答えるだけの力を、私は現在持っていない。……以上のように、安良城氏の懇切な御忠告に、衷心からの謝意を表しつつも、やはり私は私なりの道を進むほかない、とお答えしておきたい」と応じている。

網野の「無縁論」の最も核心にあるのは、西洋の「自由」の萌芽を日本の「無縁」に見出すことであったのだが、安良城の批判はこの核心部分を根底から覆す重要な論点であるのに対し、網野がそれに対抗すべきはっきりとした立論ができなかったことは注目すべきである。たしかに、網野のいう「無縁の原理」は江戸時代にみられる「縁切寺」のような展開をみせていくわけであって、それ自体を切り捨てるわけにはいかないが、無縁（無所有）＝自由という図式、あるいは無縁＝無所有の枠組みについては筆者も疑問を感じる。網野は「無縁」を過大に評価してしまったために、史料上明らかな中世の無縁のマイナス観念を軽視してしまったのではないだろうか。たしかに、戦国時代の「無縁所」は視点をずらしてみれば「自由」が発生しているようにみえなくもないが、それは戦乱期というきわめて深刻な事態においてであって、それを中世社会全般まで引き上げるのは拡大解釈としか考えられない。網野が述べるように「無縁」が「自由」として機能するようになるのはむしろ江戸時代であって、中世の段階では依然として「無縁」は恐怖・畏怖の場として機能していたように思われる。

本章では、古代・中世に広くみられたことが推定される「ソトのアジール」が「縁のうすい場所」（無縁）であるゆえに、人びとの間に恐怖感がみられ、アジールが発生することを論じてきた。これは（『日葡辞書』の「所領もなければ檀徒などもない、孤立無援の寺、あるいは礼拝所」という否定的な意味からの）無縁からも十分にアジールが発生する要因があったことを示している。この考え方をもって「無縁論」

についても再検討していくべきであろう。

註

（1）網野善彦『無縁・公界・楽』（平凡社、一九七八年）。
（2）丸山真男『日本の思想』（岩波新書、一九六一年）。
（3）阿部謹也「ドイツ中世後期におけるアジール」（『ヨーロッパ―経済・社会・文化―』創文社、一九七九年）。
（4）Henssler, Ortwin, Formen des Asylrechts und ihre Verbreitung bei den Germanen. Frankfurt am Main 1954.
（5）石井正人はこのようなヘンスラーの概念およびその他の西洋アジール研究を緻密に整理している（『中世牧歌の楽園とアジール』溪水社、一九九三年）。ちなみに石井は中世牧歌の中に古いアジール（神聖な場所）の象徴を見出し、多くの興味深い論点を引き出している。
（6）Christian Traulsen, Das sakrale Asyl in der Alten Welt. Zur Schutzfunktion des Heiligen von Konig Salomo bis zum Codex Theodosianus (Jus ecclesiasticum 72). Tubingen, Mohr Siebeck, 2004 , Peter Fell and Debra Hayes, What are they doing here? A　critical guide to asylum and immigration. Birmingham, Venture Press, 2007.
（7）吉田泰「古代イスラエルにおけるアジュール法」（宗教史学研究所編『聖書とオリエント世界』山本書店、一九八五年）など。
（8）中世ヨーロッパのアジュール法をめぐる文脈において。
（9）島創平「ローマの奴隷とアジール」（弓削達・伊藤貞夫編『ギリシアとローマ――古典古代の比較史的考察――』河出書房新社、一九八八年）。
（10）池津哲範「古代ギリシアのasylia（ἀσυλία）の実像と「聖域逃避」」『史学雑誌』一一四―一一（二〇〇五年）、

同「古典期ギリシアの聖域逃避を成立させる観念と"hiketeia"（嘆願）」『地中海学研究』28号、二〇〇五年。
（11）ちなみに日本のアジール研究において横田光雄が「たのむ」という動詞にアジールをみいだしていることなど、西洋史の動向と関連して考えなくてはならない問題もいくつかある（「説教と寺社のアジール」『国史学』一三一号、一九八七年）。
（12）清水良典「『センセイの鞄』と『石に泳ぐ魚』のセクシャリティ」『日本近代文学』七〇号、二〇〇四年。
（13）北川扶生子「失われゆく避難所（アジール）——『門』における女・植民地・文体——」『漱石研究』一七号、二〇〇四年。ちなみに川崎賢子は宝塚を「女性たちのアジール（聖域）」と理解し（『宝塚というユートピア』岩波書店、二〇〇五年）、管聡子も上海の路地をアジールとして論じている（「林京子の上海・女たちの路地」『言語文化研究』一九巻二号、二〇〇八年）。
（14）縁切り祈願をテーマにした小説としてたとえば次のようなものがある。田口ランディー『縁切り神社』（幻冬社、二〇〇一年）、井川香四郎『縁切り橋』（ベスト時代文庫、二〇〇四年）、藍川慶次郎『縁切り花』（双葉社、二〇〇八年）、石沢英太郎「縁切り地蔵殺人事件」（『太宰府天満宮殺人事件』勁文社、一九八八年）、水木しげる「縁切り虫」（『水木しげる妖奇貸本・短編名作選』集英社、二〇〇九年）など。
（15）ゴフマン著／石黒毅訳『アサイラム—施設収容者の日常生活』誠信書房、一九八四年（初出一九六一年）。
（16）奥井智之「アジールとしての東京——序論としての事例研究——」（『亜細亜大学教養部紀要』五一号、一九九五年）、同『アジールとしての東京——日常のなかの聖域——』（弘文堂、一九九六年）。
（17）高倉純一『都市と青年』（公論社、一九八五年）。ただし本書は「アジール」を学術的に論じたものではない。
（18）鶴見和子『漂泊と定住と』（筑摩書房、一九七七年）。
（19）浅田彰『逃走論』（筑摩書房、一九八四年）。

(20) 宮本常一『忘れられた日本人』(岩波文庫、一九八四年)、新谷尚紀『日本人の禁忌』(青春出版社、二〇〇三年)。
(21) 宮田登『ユートピアとウマレキヨマリ』(吉川弘文館、二〇〇六年)、『俗信の世界』(吉川弘文館、二〇〇六年)。
(22) 網野善彦「「自然」と「人間」、二つの聖地が衝突する悲劇」(『歴史と出会う』洋泉社、二〇〇〇年(初出一九九七年))。
(23) 中沢新一『悪党的思考』(平凡社、一九八八年)。
(24) 桜井英治『日本中世の経済構造』(岩波書店、一九九六年)。
(25) 中沢新一『僕の叔父さん 網野善彦』(集英社、二〇〇四年)。中沢は「サンクチュアリ(聖所)」や隔離所もアジールとして捉える。ちなみに近年、植島啓司は「聖地」の定義やメルクマールについて明快に整理されている(『聖地の想像力』集英社、二〇〇〇年)。
(26) 竹中信常『タブーの研究』(山喜房仏書林、一九七七年)、タブーについては佐藤俊夫『習俗』(塙書房、一九六六年)にも詳しい。
(27) 島田征夫『庇護権の研究』(成文堂、一九八三年)、同『国内避難民と国際法』(信山社出版、二〇〇五年)。
(28) 田村光彰「ドイツの難民国外追放と基本法第一六条改正―個人の亡命権変じて国家の恩赦権に」(『北陸大学紀要』二〇号、一九九六年)。
(29) 昔農英明「ドイツの難民庇護政策と教会アジールに関する政治社会学的考察」(『法学政治学論究』七三号、二〇〇七年)。
(30) 小田博志「難民―現代ドイツの教会アジール」春田直樹『人類学で世界をみる』(ミネルヴァ書房、二〇〇八年)。他に"Because We Are a Community of Refugees": An Ethnographic Study on Church Asylum in Germany, Journal of the Graduate School of Letters,Hokkaido University,2006.など。
(31) 笹本正治『中世的世界から近世的世界へ』(岩田書院、一九九三年)。

(32) 藤木久志『戦国の作法』(平凡社、一九八七年)。
(33) 最近のアジールをめぐる研究としては、河内祥輔「治承元年事件および治承三年政変について」『日本中世の朝廷・幕府体制』(吉川弘文館、二〇〇七年)、同「以仁王事件について」同書。伊藤正敏『寺社勢力』(筑摩書房、二〇〇七年)など。なお、固定的な言葉にとらわれず、概念を大きく捉え直すことは、これまで捨象されてきた個々の事例を幅広く集め、あらたな見方の抽出に大きな成果をもたらしたことも事実ではある。
(34) 佐藤孝之『駆込寺と村社会』(吉川弘文館、二〇〇六年)。
(35) ちなみに従来の研究においては「縁切寺」と「駆込寺」は全く同質のものと考えられていた(五十嵐富夫『駈込寺――女人救済の尼寺――』塙書房、一九八九年などを参照)。しかし網野・佐藤の研究以後、犯罪者の逃げ入りとしての「駆込寺」が一般化している。
(36) アジールの変質に着目する桜井進は、近世にアジールが世俗権力に組み込まれていく過程をフーコーの議論や「ブルジョワ公共圏」などの概念を用い分析し、さらにアジールが内面化され、表象の世界に退却していく様子を叙述しており注目される(『江戸のノイズ』日本放送出版協会、二〇〇〇年)。
(37) 第一節でみたA～Gの研究史は便宜的なものであり、それらが全く別々に行われてきたわけではない(たとえば、AとFなどはかなり密接な関係で議論されてきている)。しかし、それぞれを具体的にみていくと各研究には埋められがたい大きな隔たりがあり、その点を明確に示すために筆者は便宜上先のように分類したことを断っておきたい。
(38) 加藤彰彦「アジール的空間の創造」(『更正保護』一九九六年六月号)。
(39) 山本幸司は罪を「人間の神に対する作為・不作為を問わない、冒涜的行為」とし、この中には、神域を汚したりする消極的意味での冒涜と、穢れ一般をもたらすような行為、消極的な意味での非礼も含まれるとする。(『穢と

大祓』平凡社、一九九二〈初出一九九〇〉年）。

(40) 明治三十二年（一八九九）に岡山県の孤児院のことがAsylumと記されている（Eitaro Watanabe"The Okayama Orphan Asylum"printed at the asylum press. Okayama,Japan,1899.）

(41) 村井章介『中世日本の内と外』（筑摩書房、一九九九年）、同『海から見た戦国日本』（筑摩書房、一九九七年）、同『境界をまたぐ人びと』（山川出版社、二〇〇六年）など。

(42) 大石直正「外が浜・夷島考」『関晃先生還暦記念日本古代史研究』（吉川弘文館、一九八〇年）。

(43) 赤坂憲雄『東西／南北考』（岩波書店、二〇〇〇年）など。

(44) 「中世国家とアジール」の視点から分析を試みた研究として芳賀登『〈国家概念の歴史的変遷〉Ⅱ 中世国家と近世国家』（雄山閣、一九八七年）がある。

(45) 網野善彦・宮田登・上野千鶴子『日本王権論』（春秋社、一九八八年）など。

(46) 宮本常一『忘れられた日本人』（岩波書店、一九八四年）。

(47) 「三品彰英「対馬の天道信仰」（谷川健一編『日本民俗文化資料集成　第二一巻』三一書房、一九九五年）、中沢新一『僕の叔父さん　網野善彦』（集英社、二〇〇四年）。

(48) 鳥越憲三郎『古代朝鮮と倭族』（中公新書、一九九二年）。

(49) 『卒土見』という習俗のなかに、神話のイザナギノミコトが、黄泉国から逃げ帰る時の仕草に通じるものが感知され、卒土というのは境外（そと）であり、本来葬地であったのではないかと思われるふしがある」（永留久恵「天道信仰の研究」谷川健一編『日本民俗文化資料集成　第二一巻』三一書房、一九九五年）。

(50) 大野晋『日本語をさかのぼる』（岩波新書、一九七四年）。

(51) 新井恒易『中世芸能の研究』（新読書社、一九七〇年）。

(52) 中沢新一『アースダイバー』(講談社、二〇〇五年)。
(53) 谷川健一『日本の神々』(岩波新書、一九九九年)。
(54) 永原慶二「書評『無縁・公界・楽』」(『史学雑誌』八八号、一九七九年)、伊藤喜良「南北朝動乱期の社会と思想」(『講座日本歴史四　中世二』東京大学出版会、一九八五年)、峰岸純夫『中世災害・戦乱の社会史』(吉川弘文館、二〇〇一年)など。
(55) 安良城盛昭『天皇・天皇制・百姓・沖縄』(吉川弘文館、一九八九年)所収論文。

第二部　アジールの日本史

第一章　古代日本のアジール

第一節　神話の世界のアジール

古代社会はアジールが広く機能していた時代だと一般に考えられている。たとえば、網野は『無縁・公界・楽』（一九七八年）の中で「平泉氏のように、日本の古代、原始の社会にアジールはなかった、などというだけですませておくことは到底できない。たしかに、さきにのべたように、なお『原無縁』ともいうべき状況を、きわめて精密に整った外来の律令によって広範に組織した日本の古代にあっては、『無縁』の場のあり方を明らかにすることはたやすいことではなかろうが、しかし、中世に入って、あれほど広くかつ強力に機能している『無縁』の原理が、古代、さらには原始の社会になんらの起源をもたないと考えるのは全く不自然、と私は考える」と述べている。

たしかに、網野の研究に先立つ平泉の『中世に於ける社寺との社会の関係』（一九二六年）では、「我国にあつては、草昧荒茫の太古はいざ知らず、歴史時代に入りてより後は、神話のうち既にアジールの痕跡なく、上代の社寺には入つて身を安んじたる事例極めて乏しく、反つて頻々としてその反證を見る。切言すれば上代の社寺にはアジールの権は認められなかつたのである」とされており、両者は全く異なる見解を提示している。網野と平泉の研究には実に半世紀の落差があるわけだが、この二つのパラダイムはどちらも対等に存立しており、それぞれ検討していく余地があろう。というのも網野のパラダイムを支える実証的な史料はほとんど示されてなく、平泉のシェーマを完全に否定できていないからだ。はたして、日本古代にアジールは広くみられたのか、それともみられなかったのか、まずは事例の検討からはじめたい。

『日本書紀』に次のような話がある。雄略天皇三年四月、阿閉臣国見《あへのおみくにみ》という人物が、枳莒喩《きこゆ》の息子の武彦が神官に仕えている齋宮《いわいのみや》・栲幡皇女《たくはたのひめみこ》を妊娠させたという噂を流した。これに慌てた枳莒喩は不意打ちをかけて武彦を殺害してしまった。このことを天皇に問いただされた齋宮は姿をくらまし、その後五十鈴河の上流で遺体が発見された。しかし腹を開いてみるとなかには水が溜まり、石が入っているだけであった（妊娠はしていなかった）。武彦の罪が冤罪であることを知った枳莒喩は、噂を流した国見に復讐、殺害した後、大和の石上神宮に逃れたが、罪に問われることはなかったという。一般的には、この話をもって日本におけるアジールの起源だと考えられている[1]。

一方で『続日本紀』では、天平神護元年（七六五）八月朔日、率川社に逃げ隠れていた従三位の和気王が「率河社の中に索め獲て伊豆国に流」された記事がみえる。また『日本書紀』でいえば、敏達天皇の側近であった三輪君逆《みわのきみさかう》は、物部守屋の攻撃を受け三諸山《みもうやま》や海石榴市《つばきのいち》の宮に逃げ込んだが、結局殺されているし、推古天皇の死後、境部摩理勢《さかいべのまりせ》が蘇我蝦夷に殺された際に尼寺へ逃げ込んだ息子の毛津も、寺を囲まれ捕まりそうになっている（何とか逃れ出て畝傍山にて自殺）。また皇極天皇二年には、斑鳩寺へと入った山背大兄王が蘇我入鹿の軍勢に包囲され妻子ともに自害へと追い込まれているし、蘇我石川麻呂の変の際に難波の邸宅から山田寺に逃れた石川麻呂も、妻子八人とともに仏殿において自害し、そこで関係者の処罰が行われている。

率川神社（奈良県奈良市）

　これらは紛れもなくアジールが否定されたものであり、やはり古代においては寺社のアジール権は保持されていなかったように考えられる。しかし先に定義したようにアジールは超歴史的に存在するはずのものであり、古代社会において犯罪者（広義のアウトロー）は一体どこへ逃れようとしていたのか、ということが問題になろう。その点を考えるうえで重要なのは、古代の僧（出家姿の乞食など）が有していたある特権である。まずは『日本霊異記』の次の記事をみてもらいたい。

　拍于憶持千手呪者以現得悪死報縁第十四

越前国加賀郡、有浮浪人之長、探浮浪人、駈使雑徭、徴乞調庸、于時有京戸小野朝臣庭麿。為優婆塞、常誦持千手之呪為業、展転彼加賀郡部内之山、而修行、神護景雲三年歳次己酉春三月廿六日午時、其長有其郡部内御馬河里、遭行者曰、汝何国人、答、我修行者、非俗人也、長瞋嘖言、汝浮浪人、何不輸調、縛打駆徭、猶拒逆之、懇引譬言、衣虱上於頭而成黒、頭虱下於衣而成白、如是有譬、頂戴陀羅尼負経之意、不遭俗難、何故持大乗之我令打辱、実有験徳、今示威力、以縄繫千手経、従地引之而去、刑行者之処、与長家之程、一里許、長至己家門、従馬将下、堅不得下、忽与乗馬、騰空而往、到捶行者之処、懸空逕一日一夜、明日午時、自空落死、彼身摧損、如笇入嚢、諸人見之、無不懼恐、如千手経説、此大神呪々、乾枯樹尚得生枝柯華菓、若有謗此呪者、即為謗彼九十九億恒河沙諸仏云々、方広経云、誹謗賢人者、等於破壊八万四千国塔寺之人罪者、其斯謂之矣、

ここで注目したいのは、修行僧（浮浪人？）が捕まる際に発した「頂戴陀羅尼負経之意、不遭俗難、何故持大乗之我令打辱、実有験徳、今示威力」という言葉である。まさしくここに出家してしまえば（出家姿になれば）、世俗の難に遭わないというアジール的な論理をみいだすことができる（第四部第一章）。この説話の中には同様の構造をもつ話がいくつも紹介されており、それらを鳥瞰すると、一見して〈犯罪者→修行僧に接触→入信〉という構造をもつ話が多いことが分かる。ちなみにこの記事を批判的に考察してみると、調庸（古代の税）を納めずに各地を修行者の姿をして廻る浮浪人が多く存在していた点については、当時の社会の実情として考えてよさそうである。[2] 同様な事例は、「都市」平安京における事件の中にいくつもみいだすことができる。例を挙げてみたい。

追捕保輔之者勘賞事
十四日、己巳、丹波守・前紀伊守来、度小野宮、小選歸之、或人云、追捕保輔之者、可被勘賞之由、被下宣旨云々、維敏朝臣云、父右馬權頭従三条徒歩、向左衛門射場云々、廷尉之所行云々、
□輔出家事
今暁保輔朝臣權北花園寺剃頭出家、検非違使得其告馳向、先是逃去、捜取切弃髪及狩襖指貫等、即捕剃頭之法師等云々、
十八日、癸酉、猪隈殿穢引来、仍不参清水寺、
傳聞、左近衛保輔朝臣舊僕、左将軍随身、為相遇彼忠信、密々所来、而依忠信計略所捕得也、仍以忠信」彼補左馬ゝ醫云ゝ(3)（『小右記』永延二年六月条）

○

廿日、庚子、山陰道相撲使府生保重随身相撲人参来、即召見、已無冝白丁、見目尫弱、湖江殿司二人次田為利大神是信、給検非違使左衛門尉顯輔下獄、同殿司慶範法師与件為利等闘乱遞被疵、慶範已為法師、仍不下囹圄、令候家政所、共為懲時来（『小右記』萬寿二年七月廿日条）

○

若狭守遠理・淡路守信成等入已官物不済公事出家、終無其弁、以財物可令弁進、若無其弁可令子孫弁済者、仰左中弁經頼了（『小右記』萬寿二年二月廿五日条）

○

二日ばかりありて、縁のもとにあやしき者の声にて、「なほ、かの御仏供おろし侍りなむ」と言へば、「いかでか。まだきには」と言ふなるを、何の言ふにかあらむとて立ち出でて見るに、なま老いたる女法師のいみじうすすけたる衣を着て、さるさまにて言ふなりけり。「かれは、何事を言ふぞ」と言へば、声ひきつくろひて、「仏の御弟子に候へば、御仏供のおろし給べむと申すを、この御坊たちのをしみたまふ」と言ふ。」（『枕草子』八十三段）

このように乞食がその行為の正当性を得るために「出家姿」になることが多く行われており、(3)それを容認する社会が成立していたことが推測される。なお、出家者に対する保護は『延喜式』（巻二十九、刑部省）にも規定されている。

凡僧尼犯罪應訊。皆據衆證定刑。不須捶拷。其應還俗者。具注本貫姓名年紀臈數。移送治部民部等省。除附帳籍。

古代社会においては、出家者（僧尼）を罰する権限は官には無く、「捶拷《すいこう》」（笞による拷問）などはとくに許されていなかったことがここから確認できよう。

以上みてきた通り、『日本霊異記』などの説話は、(4)すでに奈良時代の段階から地域社会の民衆の中にまで仏教がしだいに浸透してきていたことを示しており、仏教に携わる人びとには社会的な特権が様々な形で容認されていた。

しかし一方で、よく知られている通り、律令の「僧尼令」の中には僧尼（私度僧）の活動を制約する記述が多い。たとえば次のようなものが挙げられる。

凡そ僧尼、上づかた玄象を観、假つて災祥を説き、語国家に及び、百姓を妖惑し、并せて兵書を習ひ読み、人を殺し、姧し、盗し、及び詐りて聖道得たりと称せらば、並に法律に依りて、官司に付けて、罪科せよ。

○

凡そ家人、奴婢等、若し出家すること有りて、後に還俗を犯し、及び自ら還俗せらば、並に追して旧主に帰せ。各本色に依れ。其れ私度の人は、縦ひ経業有りとも、度の限に在らず。

○

凡そ僧尼、百日苦使犯せること有りて、三度経たらば、改めて外国の寺に配せよ。仍りて畿内に配入することを得じ。

これらを一見すると、僧尼は国家によって厳しく制限され、特に自度僧（私度僧、官許を得てない僧）の活動はその存在自体が認められていなかったようにさえみえる。しかし、すでに鈴木景二・吉田一彦が強調している通り(5)、当時の史料にはこれらの私度僧の活躍が非常に多く描かれており、それを政府が罰するような記事はみられず、むしろ「私度禁断令は世に行われず」と理解したほうが適当だろう(6)。そして時代的にいえば、このような宗教者に対する保護の観念が、少し時代を下る平安京の都市生活の中にもさらなる広がりをもって影響を与えていった、ということになるだろう(7)。ただ、このような仏教者保護の思想が、当時の民衆の中にまで広くみられたかどうかについてはいささか疑問も残る。そもそも、説話の中には「出家姿」の者に対して攻撃的な事件が多く書かれているし、先に挙げた『小右記』の記事も出家姿になって逃げる犯罪者が、そもそも追捕の対象となっていることに注目しなければならない。むしろこちらのほうが実態に近かったのではないだろうか。『日本霊異記』よりも時代は下るが『今昔物語集』の中で、寺に盗人が入る事件が頻発していることに考えをめぐらせれば、古代社会における仏教者の保護は不徹底であったと考えざるをえない。

しかし一方、律令国家も私度僧に関しては厳しい姿勢をもつ一方で、官度に対してはかなりの特権を与えていたことも繰り返し確認しておかなくてはならない。これはいわゆる鎮護国家思想として後の時代までかなり大きな影響を与えていくことになるが、私度僧はこれに身を窶しての行為であり、換言するならば律令国家による仏教の保護政策があったゆえに、逆説的に私度僧は厳しく取り締まられたのだろう。

また重要なのは『日本霊異記』『今昔物語集』などの説話から、「沙弥」「沙弥尼」などの私度僧が地域の村落を舞台にして活躍していることである。これは官許を得た僧などが日常的に村落に出入りすることを好ましく思わない規範が成立していたことと対をなすが、(8)「沙弥」など私的な宗教者が日本の地域社会にかなり広まっていったことは事実であろう。

古代の宗教者は、共同体から離れた無縁な存在となることで、アジール性を取得していったのであり、その点では「ソトのアジール」はかなり広くみられた（第一部第二章）。しかしながら、共同体の中にありながらアジール性を発揮する「ウチのアジール」は依然として社会の中では認められていなかったように考えられる。

第二節　殺生禁断の論理と古代のアジール——殺生禁断思想にアジールは含まれるか——

日本の古代中世社会を特徴づける思想の一つに「怨霊思想」というものがある。この点から広く社会通念（常識）といったものを導き出そうとする研究が今日盛んに行われているが、(9)まさしく日本の前近代社会は「怨霊の時代」であったと考えられる（これは第四部第二章とも関わる）。この点に関しては、高取正男の著書『神道の成立』の「平安初頭以来、死の忌みについて神経質であったのは中央政府の側であり、庶民のほうは死者を家のそばに埋葬してもべつだんなんとも思わないというのが本来の姿であったらしい」という指摘に注意しなくてはならないが、(10)少なくとも貴族間や畿内においてはこのような観念が広くみられたことは事実として考えてよいだろう。なお、本書のテーマであるアジールとの関連で考えた場合、とりわけ重要視されるのは、殺生禁断の論理とアジールとの関連である。この二つの論理の均質性については、承久の乱の際、敗戦兵を匿った高山寺の僧・明恵が北条泰時に対して応答した次の発言がよく物語っている。

然るに、此の山は三宝寄進の所たるに依りて、殺生禁断の地なり。仍りて、鷹に追はるゝ鳥、猟に逃ぐる獣、皆爰に隠れて命を続ぐのみなり。去れば、敵を遁るゝ軍士の、からくして命ばかり助かりて、木の本、岩のはざまに隠れ居候はんをば、我が身の、御とがめに預かりて難に逢ひ候はんずればとて、情け無く追ひ出して、敵の為に搦め取られ身命を奪はれん事をかへりみぬ事やは候べき。我が本師能任の古は、鳩に替りて全身を鷹の餌となされ、又飢ゑたる虎に身をたび候ひしぞかし。其までの大慈悲こそ及び候はずとも、かばかりの事の無くやは候べきなり。隠す事ならば、袖の中にも袈裟の下にも隠してとらせばやとこそ存じ候ひしか。向後々々も資くべく候。是、政道の為に難儀なる事に候はば、即時に愚僧が首をはねらるべし。(「栂尾明恵上人伝記」巻下)

これをみると、殺生禁断＝アジール（寺は浄界であるから、この中ではいかなる理由があろうと人を殺してはならないという論理から生じるアジール）の発生と考えることができる。なお『今昔物語集』においても殺生禁断については繰り返し強調して書かれており、かなり以前からこのような認識がもたれていたと考えられる。

一方で古代末期から中世前期の寺社が用いた論理は概ね次のようなものであった。

検旧記、別宮国家鎮護之砌、奉安置大菩薩御体奉修神事、爰旧司寄人他行之後、無相伝庄厳之人、然間郷中比年旱魃病患已以無絶、仍住人等祈祷之処、去治安三年六月五日御託宣云、我是八幡跡別宮、而住人不成其動、因之我所致之禍難也云云（「太政官牒」延久四年『平安遺文』三―一〇八三）

古代末期から中世にかけての寺院には、アジールの論理を用い犯罪者を広く取り込もうとすることはむしろ稀であったように考えられる（この史料からは年貢の対捍を許さない寺社の体制側としての強い姿勢が伝わってくる）。つまり、「仏土」「神地」の神聖性がより重要視され、それを否定する罪のケガレはかなり厳密に排除されていたように考えられるのである。後でみるように中世においては犯罪者を院内から追放する事例が数多くあり、中世の寺社はむしろ体制側で、全体としては犯罪者を受け入れる傾向はみられなかったように考えたほうが適切ではなかろうか。研究史でアジール成立の根拠とされてきた高野山の「遁科屋《とんかや》」等の事例についても、それが近世の史料でしか確認できない点に注目しておく必要があろう。

ちなみに古代の「都市的な場」であるといわれる「市」がアジールとしての機能を有していたとみる研究がこれまで多く寄せられ、無視できない研究の成果がある。[11] たとえば小峯和明は『今昔物語集』における「西市蔵入盗人語」（巻二一第二）に都市のアジール性をみている。この話は土蔵の中にこもり検非違使に取り囲まれた盗人が「上の判官」の助けによって逃げのびる話であるが（事の真相はよく分からない）、蔵から出た盗人の足取りが分からない点など、たしかにアジール性（「ソトのアジール」）を感じさせるものがある。

しかしヨーロッパの中世都市にみられるアジールは「都市の空気は自由にする」といった奴隷の解放を意味するものであったのに対し、やはり古代日本の「都市」では、物理的な面（人が多く集まるところに隠れればみつかりにくいという意味）での逃亡でしかなく、むしろ『今昔物語集』などにおける検非違使による積極的な盗人取り締まりの活動などはその点を物語っているとみたほうが適切なのではないだろうか。換言すれば、この段階での「都市のアジール」は「ソトのアジール」（共同体からの物理的な逃亡）としてはたしかに機能していたと考えられなくもないが、「ウチのアジール」としては機能していなかったのである。

第三節　出家・遁世観とアジールの社会機能

日本古代の説話には、罪人が何らかの仏教的な教えにより悔い改め出家する、といった構造をもつ話がきわめて多いことについては本章の第一節で触れた。もちろん、これらは僧の手によって書かれた説話であり、これをそのまま史実として受け取ることはできないが、それでもこのような社会通念（常識）がしだいに広まりつつあったことは事実だと考えられる。とくに貴族や武士などの中流以上の階層においても、出家は一つの世捨て行為として社会的に認められ広く流布していた。ここではそれらの出家・遁世観についてその思想的な背景と、またそれが社会的にどのような機能をもっていたのかについて考えてみたい。まず平安期にみられる出家について、それに至る理由を基準にいくつか類型を掲げておきたい[12]。おおむね次のように分類される。

① 病気治療のための出家[13]。
② 臨終出家（死に際したときに行われる出家[14]）。
③ 失恋・離婚を求めた出家[15]。
④ 社会的抵抗としての出家。
⑤ アジール型の出家。これは、犯罪者がその罪を遁れるために出家する場合である。

以上は、きわめてプライベートなものに限られるが、出家にはなかば強制的にさせられるような場合も考えられ[16]、あるいは主人の出家にあわせて集団で出家するような場合もあった。

ちなみに先述した通り、犯罪者が出家するような事例はかなり多く説話の中に載せられている。たとえば、澄憲法印（藤原信憲の子）から「十二因縁」の話を聞かされ出家した山賊の話や（『水鏡』）、都に住む説経師の聖覚法印（清水法師ともいわれる）の弁舌によって発心入道した賊の話（『沙石集』）。あるいは「雲林院の菩提講」などがよく知られている（『今昔物語集』）。また逆に、幼い頃から法華経を持していた盗賊多々寸丸は、磔にされ弓で射られたが無事であり、結局、播磨国の追捕使の従者として召仕えられたという（『今昔物語集』）。

もちろんこれらの事例がどれほど史実を背景にしているかには疑問もあるが、日本の古代社会において寺社や宗教者が盗賊などの被害に遭うことが多かったことは事実に違いない[17]。いずれも古代において寺社が盗賊のターゲットとされていたことや、修行者が危険に晒されるケースが多かったことを反映して描かれたものであろうが、出家によって罪を償えるという思想の発露をここにみいだすことができよう。ここにアジールの思想の芽が社会の中に形成されたことをみることはできるが、それでも社会的に広くそれが承認されるには至らなかった。というのも古代社会においてみいだされるのは「ソトのアジール」であり、共同体の内側にアジールを認めることは古代においては終ぞ為しえなかったのである（あるいは、必要がなかったとも考えられるが……）。

総括すると、以下の点が指摘できるのではないだろうか。

① 日本の古代社会においては、江戸時代にみられる駆込寺のような組織的なアジールは存在しない。
② しかし、仏教の力を背景に罪を遁れようとする民衆の動き（「出家姿」になる、など）を一部でみることができる。
③ 出家遁世観（出家や遁世による人生の転換）が社会的に広く認められていたが、これらは社会構造の上層部に限られていた。

②の点について少し附言しておきたい。仏教によって罪を浄化しようとする思想は、たしかに古代社会にはよくみられたものであり、とくに貴族などの出家にはそれが現れ出ている。出家は「僧尼令」が逆説的に示している通り、還俗《げんぞく》が容易にできるものではなく、聖（ソト）と俗（ウチ）はかなり明確に分かれていた。そして先述したように私度僧が形式上、律令国家によって明確に否定されていることもやはり重要な点だろう。(18)

くり返すが、古代社会のアジールは、外《ソト》の世界（畿内以外の「外国」など）への追放あるいは亡命が圧倒的に多く、後に見出されるような「ウチのアジール」は社会の中に存在することはほとんど許されていなかったのである。

第二章　日本中世はアジールの時代なのか？

日本の中世は、一般的に、アジールが広汎にみられた時代だと認識されている。このような「常識」が、戦前には平泉澄、戦後では網野善彦によって創り出されたてきたということはよく知られているが、(19)はたしてこのような見方がほんとうに正しかったのであろうか。なるほど日本中世の研究書の中には、「アジール」という用語を引用したものが現在でもかなり多くあり、一見すると西洋の中世と同等にアジールが認められていた社会のような印象を受ける。しかし、それらを具体的にみていくと、実はほとんどが抽象的な引用であって、史料的な裏づけがなされているものはほとんどみられない。比較的研究の多くみられる「都市のアジール」についても、挙げられている史料は戦国期のものがほとんどであり、日本中世＝アジール隆盛の時代という単純な理解は成立しないのではないか。もちろん中世にアジール的な事例があまりみられないことについて、史料の相対的な少なさや書き手側の階層的な制約などがあることを考えなくてはならないが、それにしてもその量はあまりにも少なく、むしろ逆にアジールを否定するような史料が多いことに気づく。たとえば、次のようなものがある。

一、殺害之事

永く其身を追出し、職・所帯は悉く収公すべし。住屋に於ては敗出焼払ふべし。但し当座の口論は十ケ年已後、評定を加へ、沙汰あるべきなり。親類は六親に懸かるべきなり六親沙汰は宿意の時なり（「西大寺文書　五」『大日本史料』六―二八―七四四）

これは具体的な事項が示された寺院刑法として珍しい事例ではあるが、殺害人に対して追放刑を科しており、明らかにここにアジールとの矛盾が生じている。このような追放刑こそ中世の社会通念であったのではないか。[20]

結論から述べてしまえば、筆者は日本の中世にアジールが広汎にみられたという見解には否定的であり、西洋中世にみられたアジールは日本中世においてはごく限られた場合にしか機能していなかったと考える。[21] 以下で詳しくみていくことにしよう。

第一節　逃げる民衆たち――不定着の社会――

日本の中世社会が、人口の流動が激しかった社会であることについてはこれまで多くの研究の蓄積がある。[22] これらの研究史について深追いは避けたいが、永原慶二が荘園制を論じる際に、「村落共同体からの流出民を支配の体制に適合的に再編することによって、その（＝荘園体制）基盤を強化していった」点を強調していたことは注目しておきたい。中世においては、共同体を超えた人びとの移動が頻繁に起きていた。それは「荘内追放」という形態もあっただろうが、自ら逃散（集団・抵抗）したり、欠落（個人・逃亡）したりする場合もまた多かった。

このような社会の状態があったからこそ、鎌倉幕府の基本法典である関東御成敗式目（三十二条）においても、盗賊や悪党を所領内に隠し置くことは厳密に禁止され、追加法によって幾度も繰り返し強調する必要があったのである。「犯罪者」「悪党行為を働く者」として認識された彼等の行為は、体制側には脅威に映った。紀伊国荒川荘で活躍した為時法師という人物を中心にこの時代の様子を概観しておきたい。

荒川荘では、弘安～正応期（十三世紀後半）に悪党が活発に行動しているが、その中心的な存在を担ったのが源為時である。為時は、勧農機能・流通機能の掌握をめざす在地領主的存在で、金融活動に積極的に取り組む「都市民」としての性格をもち、利害の対立する高野山の在地支配に抵抗した人物である。為時の動きは活発であり、弘安八年（一二八五）には紀伊国上使湯浅浄智の追捕を遁れるため近隣の吉仲荘へ逃げ込んだりするなど、幅広い地域にわたって活動していた。為時は正応二年（一二八五）には出家し、荒川庄内にありながら山門末寺であるために高野山の権力の及ばない高野寺《たかのでら》の寺僧となることで、自己を正当化し、勢力の維持・拡大に努めていった(23)。

このように中世の悪党は、高野山などのような大きな権力（「寺社勢力」）に対して、さまざまな方法を駆使して活動を続けていた。ここにアジールへと向かう萌芽をみいだすことは十分に可能である。しかしこのようなアジール化の動きはそのまま単線的に結実することはなかった。自力救済の社会であり、暴力の跋扈する世界において、為時が法師になったからといって高野山の弾圧が中止されたわけではもちろんなかった（出家後の正応四年九月には為時法師の住宅に高野山側が押し入り、資財が没収されている）。

この時代においても、やはり多くの弱い立場におかれた人びとの拠り所は「ソトのアジール」でしかなかったのである。

　つまり警察権力が現在のように充実していない中世社会においては、他国や山林などに罪人が逃げ込んだ場合、みつかる可能性はきわめて低かった。よって〝そこへ入れば捕まりにくい〟という点からすれば、たしかにそれはアジールとして成立していたのかもしれない。しかし、それは表層上たしかにアジールのようにもみえなくはないが、一方でみつかった場合は捕らえられ処刑されることは自明であり、楽観的にみることはできない。江戸時代以前は権力がきわめて分散化しており、それぞれの諸勢力が独自の領域を維持していたことを考えれば、亡命としてのアジールは多くみられたであろう。しかし、厳密な意味での宗教的庇護はきわめて限定的であったのではないだろうか。

　このようにみるならば、中世における人びとの避難先は圧倒的に「ソト」の世界への方向性を有していたといえよう。たしかに第一章で触れた高山寺の事例などはっきりとしたアジールを確認することができる史料もあるにはあるが[24]、当時の寺社の論理はむしろアジールに対しては否定的であった。たとえば、朝倉領国の滝谷寺《たきだんじ》の開山睿憲法印が永徳二年（一三八二）四月七日に定めたといわれる十七か条の寺法では次のように記されている[25]。

　滝谷寺末代所定置制法条々事

一劫盗虚妄之輩不可令居住事　況於殺害刃傷之輩哉、

一肉食不調之輩不可居住事　惣寺内不可入魚肉等也、

一悲法濫行之僧徒不可令居住事、
一双六・博奕之輩不可有居住事、
一堂前并院家月次之勤行出仕不可懈怠事
一寺住之出家、雖為父母兄弟之所、至在家久不可夜宿事、
一於当寺中不可有蹴鞠・弓射之会事、
一行学二道之外、不可武道等振舞事、
一優婆塞并比丘尼等不可令夜宿事、
一更無受法之儀輩不可居住事、但不堪其器輩雖為十八道計不可不修行、其外幼稚若輩之類等除之歟、
一不可令雑修他流他宗等学行事、
一当寺造立之坊閣部屋等、寺内之外不可沽却他所事、況可壊移他所哉、
一当寺坊主等若退出、若死去之時、不可譲与坊室於遠国之客僧事、仮使雖為地下弟子、不調不和之輩為惣衆計、不可譲師匠之跡也、惣寺中坊部屋等為自造之分者、為我計或寺内之沽却、或直弟譲与之条可任意歟、若非自造之分者、当住之外全不可為我計也、但有常住器用之直弟於令相続者、宜任其意者歟、
一当寺居住之輩不可懸他門之交衆事、
一当寺灌頂等道具、仮使雖為密室之門徒同朋、於有所用者、来至当寺可令借用勤行者也、全不可出他所事、況於他門之輩哉、

一当院所納置聖教等、雖為少分全不可移他所事、但当住之人弘通利益間、可為其計、努々号我物、不可随身他所者也、
一当所草木等事、坊室各々四壁之限、或萱下夷、或林下枝可為坊主計、松椙等本切更々不可為坊主計、惣相草木等一向為談義所之計、可被用造営興行之詮要者也、
右所定置之条々、知恩堅信之弟子等永守此等格式、敢不可違犯也、若於背此等掟致僻儀之輩者、寺住之衆徒等同心遂評定可被追放者也、仍世々累代置文之条如件、
永徳弐年壬戌四月七日　　　　仏子睿憲　　　（下略）

まず第一条で「劫盗虚妄の輩は居住さてはいけない。まして殺害刃傷を行った者など言うまでもない」とされていることに注目する必要があろう。この寺法は永禄七年（一五六四）十月十六日に追加法と合せて朝倉義景に送ったものであり、領主側との関係を多分に意識したものであることを考慮しなくてはならないが、ここで挙げた十七ヵ条は寺の内部組織に対して出された内容となっており、明らかに寺内の秩序以外のことには関心が及んでいない。一方、永禄七年（一五六四）に追加された五ヵ条では、滝谷寺の流れを汲む寺院や阿闍梨は改宗したり他門になったり、他国で伝法したりしてはならないことや、寺内衆・門前百姓なども他の被官になってはならないこと、寺内門前に勝手に「催促」を行ってはならないことなどが説かれており、世俗的な内容をも含み込んでいる。また注目すべきはこれらの法に対して「不可有相違者也」として朝倉義景が花押を記し、承認していることである。ここに戦国大名の公権力によって寺社が支配の正当性を得ている様相をみることができる（なお、このような事例は他の大名領国にもみられる）。

なお永禄七年以前にこの十七ヵ条の寺法が機能していたことも次の史料から明らかである。

当寺衆僧内、近年乱法度勤行等怠転之族在之由其聞候、就事実者近比御越度候、於向後者、如寺法堅可被仰付候、自然違背之供僧候者、急度可蒙仰候、恐惶謹言、

十一月廿八日　　　　　　　　孝景（花押）

滝谷寺

人々御中

（朝倉孝景書状『滝谷寺文書』朝倉孝景発給文書九）

この史料は永正十二年（一五一五）以前のものと推定されているが、アジールを機能させるためには、むしろ寺法を緩和させることが必要であり、中世の住民にとって寺院はまだまだ敷居の高いものであったのではないだろうか。ただし戦国期になると、寺社は住民との結びつきを強めていき、むしろ仏教本来の罪人の救済という機能をより大衆化させていったのであろう。すなわち中世地域の寺社は、特定の領主権力の抑圧・保護からはずれ、村落の民衆たちを積極的に取り込もうとする「戦国仏教」としての新しい展開をみせはじめたのである。(26)

第二節　中世におけるアジールの論理

さて、ここで中世のアジールについて近年の研究成果を踏まえつつ、その実態について考察しておきたい。最近のアジールをめぐる研究のタイプは次の二つに収斂されるだろう。

タイプ①：中世大寺院による天皇・貴族の保護

タイプ②：自力の村論（村落フェーデ）におけるアジール

まずはタイプ①についてみておきたい。この考え方を進めている研究者としては、河内祥輔、伊藤正敏、それから「戦国宗教領主」の概念との関連で論じる鍛代敏明などが挙げられる。河内は、延暦寺大衆による「明雲拉致事件」に注目する。これは治承元年（一一七七）に起きたもので、後白河法皇に伊豆流配を命じられた僧・明雲を延暦寺大衆二千人が力ずくで奪い取った事件である。[27] 現場は勢多橋の西（粟津）であった。この事件について河内は「まず、大衆による明雲の奪取は、それが大衆の一致した意思による行動であったという点が重要である。大衆が総決起して流罪人を匿うとは未曾有のことであり、これは歴史上初めての事件とみられよう。この大衆の行動は、延暦寺がいわゆる『アジール』になるという現象を実現させた点において、きわめて画期的なことであった。犯罪人を匿うといっても、それが少数の僧侶の私的行為に過ぎない場合には、『アジール』が現れ出ることはない。しかし、この事件のように、それが大衆の合意によってなされる場合には、寺院そのものが『アジール』としての姿で現れることになる。ここにこの事件の第一の意義が認められよう[28]」とその歴史的意義を強調している。

さらに河内は、その後の以仁王・源頼政父子の園城寺駈入についても「アジール」化という視点から分析したうえで「もしも寺院大衆の『アジール』運動がなく、また、以仁が園城寺に駈入るという事件がなかったならば、はたして武士が独力で反乱を起こしえたかどうか、甚だ疑問である。以仁王事件の意義はきわめて大きい」と、まとめている。[29]

一方、伊藤はアジールという言葉ではなく、「無縁所」という概念を用いて中世の「寺社勢力」を説明する。伊藤の理解は次のようなものである。(30)

敗者や弱者が逃げ込める場所はどこかにあるだろうか、あるとすればそれはどこだろう。……宗教施設は救済所の性格を持ち、束縛を断ち切って駈込むことができる優しい空間である。……中世ではこのような無縁所が江戸時代とは比較にならないほど大きかった。避難所の数も多ければ受け入れた人々も幅広い。挫折者。傷ついた人々、政治的・社会的な敗者・弱者・悪人・謀反人、地獄に堕ちる罪を犯したとされる人々さえも、天皇から乞食・被差別民まで、貴賤を問わず懐に入れた。生まれながらの敗者である貧困者・窮民ですら、選ぶことなく受け入れたのだ。もっとも駈込めば最終的に安全が保障されるというわけではない。無条件に追捕（逮捕・処罰）されないということを意味するに過ぎない。

伊藤はさらにこの考え方をもとに、中世の開幕を「京における無縁所第一号の法的成立」（祇園社の不入権成立）が完成された一〇七〇年二月二〇日に求める学説をあらたに提唱している。私見では、近年の歴史学界においては歴史の変革や画期についてはあまり重要視しない傾向があるが、伊藤のメルクマールは非常にはっきりしており、その点で注目すべき視点である。伊藤は、中世を「無縁所の時代」と捉え、信長・秀吉・家康といった統一政権の誕生を中世的な無縁世界を壊滅に追い込むものとして理解し、一五八八年七月八日の秀吉の刀狩令（農村の武装解除令）をもって中世は終焉すると明言している。

以上、アジールについて扱った近著の一部を簡単にみてきた。これらは優れて明快な理論構成にもとづく著作であり、大変興味深いものではあるが、筆者の考え方との違いについてここで明らかにしておきたい。まず、河内説について。「アジール」に入り込む主体側の意志があいまいな点にその行為を「アジール」と称する問題があるのではないだろうか。つまり、大衆に「拉致」された僧・明雲は、自身の意志でアジールに入ったわけではなく、さらにここでは大衆二千人が「暴力」をもって行動している点に「アジール」のイメージとの乖離がある。筆者は「暴力」を背景にしたアジールは、強固な私有権にもとづくものであり、これは厳密な意味でのアジールとはいえないと考える。なお、以仁王事件の際にみられる「アジール」も政治的な思惑が強すぎて、やはりアジールとして捉えるには疑問がある。

一方、伊藤説について。真っ先に上がる疑問は、近世の駆込寺の実態をどのように理解しているのか、という点である。すでに多くの研究が知られているように、近世社会のなかにもアジールはかなり歴然として存在している（この点は次章参照）。伊藤説に従えば、一五八八年以降の寺社はアジール権をもたないことになってしまうのではないだろうか。さらに疑問なのは、中世の「境内都市」として本書で扱われた事例は、きわめて少数の大寺院に限られており、日本各地の住民が「無縁所」とどのように接していたのかがよくわからない。実際に、罪を悔いて出家に励むことができた人は、社会のなかで本当に限られたものであったのではなかろうか。さらに私見によれば、当時の寺社がすべての民衆を包摂する優しいものであったとはどうしても考えられない。

たとえば神社の事例であるが、鹿島神宮の場合、文永三年（一二六六）の「鹿嶋太神宮諸神官補任之記」(31)によれば、「郷長」と呼ばれる神官が「祭礼の時は、白杖を以て着座し、雑人を追い拂う」役を担っていたことがみえ、一般の民衆は一宮の祭祀システムから排除されていた(32)。やはり寺社参詣のようなものが大衆化するのも、江戸時代であると考えざるをえない。いずれにせよ、中世の「寺社勢力」はあくまで体制側だった(33)。

以上の点をふまえたうえで、筆者の中世のアジールをめぐる理解について記しておきたい。まず古代寺院から中世寺院への転生にあたって寺社は「仏土の論理」を主張するわけだが、中世の仏神は、人びとが寺家を尊重し奉仕すれば仏神は功徳を与えるが、敵対すれば厳しい罰を下す、いわゆる〈応える神〉だった(34)。つまり、たしかに「ソト」の世界に位置していた神仏が、「ウチ」の世界へと内在化していく傾向を中世には見出すことができるが、このような思想基盤がアジールとして表面化するには依然として時間が必要だった。

アジールが人びとの「ウチ」の世界に現実に築かれていくのは、彼岸世界が縮小し現世に内在化し、山中他界観などが一般化してくる江戸時代をまたなくてはならなかったのである(35)。

第三節　中近世移行期のアジールと寺社

すでに冒頭で述べたが、戦国期になるとアジールを主張する寺院や、それを否定する領主権力が文書に盛んに顔を出すようになる。戦前に田中久夫はこのような現象を「即ち守護使不入の権利によつて示される社寺の権威が色々な意味で世間の人の避難所としての役割を果してゐたことはいふまでもないのである……それが戦国時代の資料に多く残してゐるのは世間の無秩序がその事例を多くしたことによるが、その資料の多くが否定的（乃至は制限的な認容）であることからも、この事実についての社寺の権が戦国時代になり発達伸長したとはいふべきではなからう」と評価し、[36]最近では横田光雄が「アジール抑圧の論理」から説明している。[37]しかし筆者はむしろ戦国期にはじめてこれらの特権が確認され、社会的に認められるようになったと捉えたほうが適当ではないかと考える。その理由について的確に物語ってくれるのが次の史料である。

一従地家棟別取廿貫餘、禮物ニて候、抱刑部少輔殿下代田邉方云下間七郎左衛門申者也
（欠落カ）
□□□□堂并本堂・塔婆・鐘楼・権現等、卯月七日□□仁炎上、然基者、依国中錯乱、隣里近郷土民、小屋ヲ作リ單巳无頼者逃入、牛馬等追入垢寺内、太子御誓言ニ違せり、其御詞云、寺町四面ノ内ニ殺生ヲ禁断せヨ、堂院僧坊仁飼養牛馬ヲ、長以テ制止せヨ、清浄寺地ヲ莫令汚穢云々矣、如此依因縁ニ、不慮之火炎處ニ、従火炎内眞佛太子奉守政所へ移奉リ　、然間火上頻ノ條、可怜哉、、、（中略）然間伽藍炎上事者、依ル汚穢ニ依火坑□成池ノ理、天子御身無恙者歟、同五月十六日假殿令建立御遷座　、
天文拾年辛丑　于時　在庄　快栄大法師
（「鵤庄引付」）

ここでは、「国中錯乱」という紛争状態の中、土民たち（「無頼者」）が斑鳩寺へと入り込んで小屋をつくり牛馬なども引き入れて生活したため寺内が穢れてしまい、その罰《ばち》で斑鳩寺が火事になったという理解

がなされている。もちろん、合理的に考えればこれは「汚穢」などによるものではなく、寺内に逃げ込んだ人が炊事を行ったことによる火災と考えるのが妥当であろうが、当時の寺院は殺生禁断を固く守れば守るほど、「穢れ」を内に入れるのを拒んだのであり、アジールの対象となる「犯罪者」が立ち入る余地は少なかったように考えられる。

ちなみに時代は遡るが、同じ播磨国鵤《いかるが》荘の事例で次のようなものがある。

去年七月九日、日中盗人神人五郎本住寺入畢、即時ニ任持分方ニ作毛ヲ黠札アリ、名主百姓等度々歎申ストイエトモ在庄琳英無承引間、去年十月廿九日南殿実舜ノ倉付ヲヲサエ畢、（「鵤庄引付」）

これは応永二十五年（一四一八）の逃散につながる重要な事件であったが、これまでこの事例を江戸時代の駆込寺のように盗人が罪の釈明を求めて寺に入った（アジール）と考える見方があった。しかし、おそらくこれは後の文意から推測するに日中に盗人が寺へ泥棒をしに入った、とみるべきであろう。中世において盗人が寺に入る場合は、圧倒的に泥棒という仕事のためであることが多かったように考えられる。

さて、次に地域を移し、網野善彦によって紹介された以下の史料に着目したい。

遠州井伊谷龍潭寺之事

一彼寺為菩提所、新地令建立之条、如令直盛寄進時、寺領以下末寺等迄、山林竹木見伐等　堅令停止之事。

一諸末寺、雖為誰領中、為不入不可有相違、然者末寺看坊爾者、越訴直望坊主職儀、令停止之事。

一門前在家棟別諸役等一切免除之、直盛云私所、云無縁所、不準他寺之間可為不入事。

一祠堂銭買地敷銭地取引米穀、國次之徳政、又者地頭私徳政雖令出来、於彼寺務、少茂不可有相違事。

付地主有非儀闕落之上。恩給等令改易者。為新寄進可有寺務也。

一悪党以下号山林走入之処。住持尓無其届。於寺中不可成敗事。

右条々任直盛寄進之旨、於後孫永不可有相違之状如件。

永禄三

八月五日　　　　氏真（花押）

龍潭寺

（「今川氏真判物」永禄三年八月五日）

史料中の「無縁所」という文言が、網野善彦の無縁論の下敷きとなったものである。ここで、「悪党以下山林と号し走入の処、住持にその届けなく寺中において成敗すべからざる事」というのが、まさしく寺社のア

龍潭寺山門

ジール権そのものを意味している。ちなみにこの史料にみられる龍潭寺は遠江国井伊谷村（現在、静岡県浜松市北区引佐町井伊谷）に存在する寺で、名門井伊氏の菩提寺として江戸時代に繁栄する寺院である。龍潭寺については後述するとして、ここではこの史料の五年後の永禄八年（一五六五）に井伊氏から龍潭寺住職・南渓和尚宛に発給された次の文書の検討をしておきたい。

龍潭寺寄進状之事

一　当寺領田畠并山境之事、南者下馬鳥居古通、西者かふらくり田垣河端、北者笠淵富田庵浦垣坂口屋敷之垣、東者隠龍三郎左衛門尉源三畠を限、如前々可為境之事

一　勝楽寺山為敷銭永買付双方入相可為成敗之事、同東光坊屋敷々銭永代買付、縦向後　本銭雖令返辨、永代之上者、不可有相違候、同元寮大泉又五郎彼三屋敷并横尾之畠大工淵畠田少門前、崎田少大内之田檜岡之田、為敷銭拾七貫五百文永買付之事

一　蔵屋敷前々有由緒令寄進也、同與三郎屋敷一間、同矢□き屋敷、是ハ只今仙首座寮屋敷也、隠龍軒ハ道哲之為祠堂、屋敷一間瓜作田一反、同安渓即休両人為祠堂、瓜作田貮反、同得春庵屋敷一間、永代買付、同神宮寺自畊庵屋敷一間可為寮舎之事

一　自浄院領為行輝之菩提處、西月之寄進之上者、神宮寺地家者屋敷等如前々不可有相違之事

一　圓通寺二宮屋敷、南者道哲卵塔、西者峰、北者井平方山、東者大道可為境也、北岡地家者屋敷田畠不可有相違之事

一　大藤寺黙宗御在世之時、寮舎相定之上、道鑑討死之後、雪庵以時分大破之上、相改永不可為寮舎

之事

一祠堂銭買付并諸寮舎末寺祠堂買付同敷銭一作買之事、縦彼地主給恩雖召放為祠堂銭之上者、證文次第永不可有相違之事

一寺領之内於非法之輩者理非決断之上、政道者檀那より可申付、家内跡職等之事者、為不入不可有旦那之綺之事

右條々信濃守為菩提所建立之上者、不可有棟別諸役之沙汰并天下一同徳政并私徳政一切不可有許容候、守此旨永可被専子孫繁栄之懇祈者也、於後孫不可有別條也、仍如件、

永禄八乙丑年

九月十五日　　次郎法師（黒印）

進上

南渓和尚　侍者御中

侍者御中

（「井伊直虎置文」永禄八年九月十五日）

ここで下線部に注目したい。下線部の意味は、〝寺領の中にいる「非法の輩」については、住持が理非決断をしたうえで、それが政治に関わるような場合は檀那（＝井伊氏）が判断を下すが、家内跡職については「不入」であって檀那の介入があってはならない〟といったものであろう。ちなみに、有光友學は「今川氏は、給人・寺社の家内跡職である家産制支配（私的隷属民による家父長的経営を中核とした）を保障し、そのことを梃子として、政道（公的支配・階級結集・領国統一）を貫徹しようとしていた」根拠と

してこの文言に注目しているが、[38]ここで「非法之輩」に対して「理非決断」を下す主体が問題となる。この文言から解釈すると、その主体は「旦那」ではなく、龍潭寺側にあるのではないか。つまりこれは〝寺領内で非法の輩が出た場合、住持が理非決断を下したうえで、政治に関することについては旦那より申しつける〟という意味で捉えたほうが自然であり、この文書は龍潭寺のアジール権をある程度（「理非決断」を下せるという範囲内で）容認した事例だといえよう。

今川氏は「今川仮名目録追加」の中ではっきりと「分国中守護使不入など申事、甚曲事也」として強硬な立場を主張しているが、[39]寺社支配に関して実際はきわめて穏健であった。今川義元は、領国内の寺院を今川氏の「祈願所」「菩提所」「無縁所」といった形で積極的に保護し、また本末関係の整備にも勤めていたことが知られている。これは、戦国大名自身が神仏に対する信仰心（ただし、それは中世的な非合理的なものとは違う）にある程度束縛されていたことを示しているといえよう。

アジールの慣習は戦国期になるとかなり広汎に及んでいた。[40]戦国大名の分国法にはアジールに対する禁止の条項などが目につくが、ここから逆説的に犯罪人や身分解放を求める下人が寺中に匿われることが、戦国期には頻繁に起きていたことを確認できる。権力側はそれが政治に関わる場合は、厳しい態度で臨んでいたが、それにも関わらず戦国大名自身に戦国仏教への信仰・保護の精神は引き継がれていた。これは豊臣秀吉や徳川家康によっても基本的には変わることなく、むしろ再編成され、保護も強化されていったのである。近世国家権力の登場の意義は、まさにこの点にこそ求められるのではないだろうか。

第三章　日本的アジールの形成——元禄時代とアジール——

日本史におけるアジールの隆盛期を江戸時代に求めた場合、一つの大きな問題にぶつかる。はたして二五〇年に及ぶ長い江戸時代のいつアジールの風習が社会に定着し、広汎にみられるようになったのか。この疑問に対して答えることが本章の課題である。

なおここで誤解してもらいたくないが、筆者は〝日本の中世社会にアジールが全くみられない〟と考えているわけでは決してない。むしろアジールにつながるさまざまな慣習や風習が社会のあちらこちらにみられたことは、先述してきた通りである。しかし、それが一つの制度（社会システム）として定着し、またとくに〝武力〟という物理的暴力を必ずしも必要としない形でアジールが認められるようになったのは江戸時代にほかならない。中世の段階でも寺社がアジールとしての機能を有したことはもちろんあっただろうが、それは、寺社の自力検断としての色彩が強かったり、逃亡者が普段暮らしている日常とは全く別の世界（異界、二度と戻れない世界）に入ったと観念される場合（＝ソトのアジール）であったりと、その機能は消極的な側面が強かった。しかし日本の江戸時代には、それとは全く別の、本当の意味でのヨーロッパ・キリスト教会のアジールに比すべき論理が誕生したように考えられる。

第一節　江戸時代のアジールをめぐる研究史

江戸期のアジールをめぐる研究は、日本中世史の場合に比べて意外なほど多い。縁切寺に関連した研究が戦前の早い段階から次々に出されているし、戦後も日本中世史界の中でアジールが論じられることはほとんどなかったが、対照的に近世史の方ではアジール（駆込寺や縁切寺）の問題が積極的に語られることになった。この理由はいくつか考えられるが、その一つには戦後の日本史学が日本社会と西欧社会の異質性に注目することに関心が高まっていたことが挙げられる（この点については第三部で詳述）。つまり、ヨーロッパ中世社会に盛んにみられるアジールが日本の中世社会にもみられる、だから日本とヨーロッパは共通している、といった見方はなかなか出されなかった。一方、近世史の場合は、ヨーロッパでは中世の段階で消滅したアジールが、日本社会には近世の長きにわたって封建遺制のような形態で生き続けたという見方になるため、関心が向きやすい傾向にあったのであろう。もとより、このような単純な見方に還元できる問題ではないが、この点も大きな理由の一つであったと考えられる。

戦後の早い段階でアジール（駆込寺・縁切寺という形で）に注目した研究には、阿部善雄・秀村選三・伊東多三郎などが挙げられる(41)。これらは日本史の枠に止まらず、西洋のアジールについても触れたものが多かったが、日本中世史のアジールの認識についてはほとんど例外なく平泉アジール論の図式《シェーマ》をそのまま踏襲したものであった。この考え方は、江戸時代の駆込寺の広範囲の展開が確認された今日の学界においても基本的に崩されてはいない。

先にも少し触れておいたが、現在、駆込寺の研究は飛躍的な発展をとげている。その代表的な成果としては、古くからその存在が知られていた鎌倉東慶寺・群馬満徳寺をより実証的に追究した高木侃の一連の研究[42]、それからそれに類する事例を全国から広い集め、地方の寺社が犯罪者の一時的な保護など地域紛争解決システムの一翼を担っていたことを明らかにした佐藤孝之をはじめとする研究が挙げられる[43]。前者の縁切寺研究は、〝江戸時代の女性は現代の私たちが考えている以上にさまざまな権利が認められていた〟という認識にもとづくものであり、一九八〇～九〇年代の女性史研究に大きな影響力をもったが[44]、今日の女性史ではむしろ〝江戸時代の女性はやはり男性に拘束されていた〟という見方が主流であり、この研究史の中ではむしろ縁切寺は〝女性の地位が低い社会であるからこそ活躍した〟ということになっている。

なお駆込寺研究については近世の村の問題と関連した議論が活発に行われている。ここではその経緯を少し追ってみよう。近世の村寺についての研究の先駆けとなったのは竹田聴洲の仕事であった[45]。竹田は、従来の近世仏教堕落史観（辻善之助など）とは一線を画し、民衆の側が仏教を必要とした点に着目し、地域社会との機能的連関に注目することの重要性を指摘し、その後の近世村落研究に大きな影響を与えた。竹田の挙げた論点はいずれも重要なものばかりであるが、神仏習合が社会に浸透したのは中世よりもむしろ近世だと指摘するなど、興味深い点が多い。

七〇年代以降の研究としては、大桑斉の「幕藩制仏教論」などが注目される[46]。これは、自律性を獲得しつつあった民衆が幕藩制国家の支配を受け入れるうえで、宗教が国家イデオロギー担当者としての役割を担ったとする見方であり、重要な指摘であった。また高埜利彦の一連の研究も[47]近世国家権力（門跡や朝廷を含む）の特質をさまざまな宗教者や芸能者の身分的・組織的な編成に注目し、僧侶以外の人々の地域社会における活躍が急速に解明される動向を生んだ（身分的周縁論）。

一方、本稿との関連でいえば、百姓一揆と寺社との関係についても近年注目されている。茎田佳寿子は、欠落や越訴に対して寺社が「唯一有効な避難場所」となっていることを主張し、[48]齋藤悦正も百姓一揆における寺社の活動に着目している。[49]また、廣瀬良弘は菩提寺の住持の「出寺《しゅつじ》」という抵抗の仕方に注目し、江戸時代にもこのような伝統がひきつがれていくことを重視している。[50]これらの先行研究に学びつつ、近世のアジールについて考えてみたい。

第二節　江戸初期のアジール

江戸時代の駆込寺に特徴的なのは、寺に駆け込む際に「山林」と叫ぶことが行われていることである。この事例はすでに戦国期からあり、遠江国井伊谷村の龍潭寺の徳川家康の判物にも次のような文言がみられた。

一、悪党以下山林と号し走入るの処、住持に其の届なく寺中に於て成敗すべからざる事

ここで「号す」というのは、「称する」「叫ぶ」といった意味であり、ここでは悪党らが寺に駆け込む際に「山林」と叫びながら入ってきたことが知られる。はたしてこれは何を意味するのであろうか。

ここでの「山林」という言葉についてはすでに多くの研究者によってさまざまな見解が述べられている。[51]

その多くは、古代・中世において「山林」＝逃散の意味という理解をしているが、これは必ずしも正しい見方ではない。なぜなら「山林」＝「逃散」として言葉の使用法がみられるのは、畿内・関西の一部の事例であって、こと東海地域や東国で「山林」が「逃散」として用いられる例はほとんど存在しない。よってここでの「山林」は明らかに逃散とは別の論理で言われたものであると考えられる(52)。

はたしてそれではこの「山林」は何を意味しているのだろうか。実は、古代以来、「山林」という言葉は「出家・遁世」という意味で用いられてきた。「山林に交わる」といえば、「出家する」ということを表していたのである。つまりここでの意味も〝悪党が寺に入って出家する〟ことと捉えるべきであり、江戸時代にみられる「山林」も「出家」を願い出る場合に用いられたものと理解することができる。このことはたとえば次のような史料から確認される。

・羽柴秀吉判物

当寺為参禅学道修行、以真實之道心走入輩者、可被任一分之覚悟、或刄傷殺害、或折檻人、為免其過、号遁世押入之族、一切不可有御許容、且者為御寺中安寧如此候也、仍件如、

羽柴筑前守

天正拾貳年七月十八　秀吉（花押）

大徳寺

（「大徳寺文書」九七〇号）

・向イ村九兵衛義、去暮ゟ獄囚《ロフヤ》ニ罷有候所ニ御仕置事重ク死罪ニ被仰付、五月廿一日（延享三年）獄囚を引出シ打首に被成所ニ龍潭寺御もらい被成一命を助かり申候、落髪致し候得共、又其後還俗致し、妻子を朋ない黒

渕村ニ居住致候、御末進相残る廿弐石余者七年賦ニ村中江被仰付、村方迷惑致候、（「山下甚左衛門記録」）

つまり近世の駆込寺の精神世界は、それ以前の出家・遁世観の延長上に位置していた。そして、それはこの時代になってはじめて本当の意味で日本社会に浸透していったと考えられる。その理由は次の点に求められるであろう。

① 近世封建制の形成により、それまで移住を繰り返していた人びとがしだいに村落に定着していったこと（百姓の「イエ」の成立にともない、しだいに走百姓が減少）。

② ①に関連し、ムラ・マチが形成し、人と人との社会的な結びつきが複雑・多様化し、共同体内部での合理的な紛争解決が必要とされたこと。ちなみに、ここに「ソトのアジール」から「ウチのアジール」への主流転換が行われた。

③ 戦乱の終息により、社会的な秩序・平和、ケガレに対する再認識（怨霊・怪奇的なものへの関心の高まり）が行われるようになったこと。

これらの社会的な背景により、物理的暴力に必ずしも依拠しない、新たなアジールが創出されていったのである。

少し話を進めすぎたが、ここで先述した「無縁所」が近世社会になるとどのように変質していくのかについて具体的な事例をもとに概観しておきたい。

遠江国引佐郡では、戦国期になると少なくとも二つの「無縁所」が存在していた。方広寺と龍潭寺である。龍潭寺の史料については先述しているので省略するが、方広寺にも次のような史料がみられる。

伊井谷奥山方広寺之事

一山四方境用木雑木等濫不可切取事　但、有用要之時者、以朱印可申付事

一祠堂物徳政令免許事　付、門徒中輪番出仕事、不可有無沙汰事

一為無縁所之間、如前々志次第勧進可仕之、同諸職人如前々志次第細工可仕事

付、門前屋敷四間之事

右、為祈願所之間、諸事可為如近年、守此旨、国家安全勤行等、不可有怠慢者也、仍如件、

天正八

九月三日

家康（花押）

方広寺

（「徳川家康判物」天正八年九月三日』）

この史料から方広寺が戦国期に「無縁所」として認識されていたことは明らかであり、同時に「祈願所」でもあったことが分かる。具体的には「国家安全」を祈願する寺院であり、慶長八年（一六〇三）にあらためて家康から寺領の寄附が行われている[53]。しかし、近世を通じて方広寺自体は「権現様御祈願所」として認識され[54]、「無縁所」と称されることはなかった。

ただ、江戸時代に入っても「無縁所」という言葉が消滅してしまったわけではない。「遠州奥山方廣寺輪番所末寺帳[55]」では、方広寺の末寺が「御朱印寺院」「縄除地寺院」「無縁所」という三つに区分けされている。表1はこれをまとめたものであるが、数的にみても、「無縁所」が地域社会には圧倒的に多かった

表1　方広寺末寺一覧

国　郡　別		寺院合計	朱印地寺院	除地寺院	無　縁　所
遠州国	引佐郡	36	3	1	32
	麁玉郡	8	4	1	3
	豊田郡	26	7	—	19
	山名郡	1	1	—	—
	長上郡	66	12	21	33
	敷智郡	75	20	4	51
三河国	八名郡	16	—	1	16
	設楽郡	1	—	—	1
計		229	47	29	154

（寛永10年末寺帳による。『引佐町史 上巻』p.769より転載）

ことが分かるであろう。ここで「無縁所」といわれているものは、「庵」などと称されるように比較的小規模の宗教施設であり、戦国期の「無縁所」とは性格が異なっていることに注目する必要がある。また、本寺の方広寺からかなり近い寺院も「無縁所」にカテゴライズされていることからも分かるとおり、距離的に離れているから「無縁所」といわれる、ということでもないようである。

鷲津法華堂（静岡県浜松市）

ここでの「無縁所」は明らかに『日葡辞書』に書かれている「所領もなければ檀徒もない、孤立無援の寺、あるいは礼拝所」の意味で捉えるのが妥当であろう。つまり戦国期の無縁所はそのまま近世へと連続したわけではなく、再編成され変質したかたちで展開していったのである。その証拠に、歴代将軍判物のなかに「無縁所」と記されることは管見の限り存在しなくなる。たとえば、戦国期に「無縁所」とされた鷲津本興寺（浜松市）も、江戸幕府によって「無縁所」とされたのは家康一代限りであり、後の将軍はその言葉を用いていない。

さて中世の無縁所は、実際どのように変質したのであろうか。地域社会からの視点で具体的にみていきたい。先にみてきた通り、井伊谷龍潭寺は戦国期「無縁所」とされた寺院であるが、近世社会においては「駆込寺」として本格的に展開していく。(56) 中でも次の事件はこの井伊谷村にとって非常に重大な事件であった。まずは史料をみてみよう。

一、寛永元年子ノ二月石見様いのやへ御越被成候、其砌金指兵蔵様九郎兵衛取持を以三竹村の百姓ニ先年之いのやとの山公事之儀ヲ発立、石見様へ三竹之ものニ目安を上ケさせ申候ニ付而、いのやへ御せんさくつよく有之上、いのやノもの申様ニ御地頭をあい手に致公事仕候事ハ成かたく、先年三竹と山公事致候上、石見様いのやノものヲ御にくみ被成、其上去年亥年石見様御意ニ而候と申三竹よりいのやへ山境之証文なと書渡し申候、それニもいのやノものハ少もかまいなく、其分ニ致置候処ニ、又々哉石見様御前ニ而三竹と先年之山公事致候事ハ中々罷成間敷候と申、子ノ二月十四日ニ与三左衛門・与三兵衛・惣兵衛・六郎三・藤八・清次郎、此等六人龍潭寺へ山林仕候処ニ、右之面々ノ妻子ヲとらへ篭舎被仰付候、其上龍潭寺色々詫言被成候へ共公事ノ埒ハ明不申候、弥々いのやノもの御にくみ申候て八年龍潭寺へ在寺仕候、其間ニ先年三竹とかま取相論なと致候ものを一々書立を以三竹之ものあるとあらゆる事共片口ニて石見様へ申上候ニ付、寛永弐年丑ノ年惣兵衛内ノもの左門六、又与三左衛門内者彦市郎、此二人ノ者共小田原へ御よひ下候て二人なから成敗被成、それニ而も御不足ニ候哉覧、寛永五年辰十月廿七日ニいのやニおゐて与三左衛門内もの五助ヲせいはい被成候、か様ニ赦免無之候ておしこめられ申候、寛永八年未二月六日ニ石見様御遠行以後近藤御一紋中御談合を以、其年之夏中ニ山林之もの御免被成候事

（「中井家日記」）

この事件で殺害された五助を祀る祠が、井伊谷には現在でも存在しており、民話としても記憶に残されている[57]。この事件で注目すべきは次の二点である。

① 入寺のことを「山林」と記している。

② 山林した六人を公儀は捕縛できていない。代わりに妻子が牢屋に入れられ、下人が成敗されたが、六人に直接害が与えられることはなかった。

これは村同士の紛争に旗本・近藤石見守が介入したことで大きくなった事件といえるが、領主の近藤石見守さえ龍潭寺に山林した者を思うように成敗できなかったことを示している。『中井家日記』の作者である中井直頼は、この後、紛争解決に奔走する坊主の事例を多く紹介していくことになる。

「まった坂」の五助けを祀る祠（引佐町）

第三節　元禄期＝アジール形成の時代

これから『中井家日記』を中心に井伊谷地域（現在の行政区画の引

佐町域に該当する）の事例をみていきたいが、残念ながらこの日記は、直頼の死を以て途絶えている。しかし元禄以降のほぼ同地域のことについて記された記録が存在している。『宮田日記』[58]がそれであるが、以下この日記も踏まえて当該地域の寺社の役割を考えていきたい。井伊谷周辺における住持仲裁の事例を列挙したのが次頁の表2である。

この表ですぐ注目されるのは、元禄以降を記した『宮田日記』では、龍潭寺・方広寺以外の小規模な「村寺」（先述の「無縁所」に該当されよう）の住持が、頻繁に「御詫」や「寺入」を請け負っていることである。龍潭寺や方広寺は、それぞれ龍潭寺は名門井伊家の菩提寺であるし、方広寺も後醍醐天皇の息子・無文元選の創立した寺院であり、その権威を背景にアジール権を主張していた側面はもちろんあっただろうが、少なくとも元禄期以降は全く別の論理によってアジール権が保障されていたようもみられる。そこには『中井家日記』の中にみられる自力救済にもとづく血なまぐさい山論が影を潜め、「平和」「文明化」された社会が形成されつつあったことが読み取れるのではないか[59]。

ここで『中井家日記』・『宮田日記』が示す訴訟方法の時代展開について概略を示しておこう。

〈十七世紀前半〉

百姓自身が江戸へ下る事例が多く、「山林」は龍潭寺・正楽寺に限られていた。例外的に寛永十九年の金剛寺の事例があるが[60]、これは事が寺社の利害に触れたために介入したものであり、しかも寺に入ったにも関わらず当人は死罪にあっている。つまりこの時期の村落訴訟については次のような特徴が指摘できる。

・村落内の争いの解決を江戸での訴訟に持ち込むことが多い。

表2　寺社による紛争解決一覧

No.	年号		史料用語	内容	寺名	出典
1	寛永1.2.14	(1624.4.1)	山林	領主に対する抵抗	龍潭寺	中653
2	寛永13.12.21	(1637.1.17)	御詫言	火本→篭舎→赦免	龍潭寺	中662
3	寛永14.2.18	(1637.3.14)	山林	所払→託言→赦免	龍潭寺・正楽寺	中662
4	寛永18.9.21	(1641.10.25)	走篭出家	欠落→母妹篭舎→赦免	本法寺（江戸）	中672
5	寛永19.8.12	(1642.9.6)	侘言	曲事→寺入の子供→成敗	こんがう寺	中676
6	慶安1	(1648)	坊主ニ致	篭舎→出家→赦免	龍潭寺	中689
7	慶安2.5.22	(1649.7.1)	詫言	篭舎→託言→ゆるされ	龍潭寺	中690
8	万治4.4.17	(1661.5.15)	詫言	対決非分→篭舎→託言	龍潭寺	中704
9	寛文5.9.22	(1666.10.30)	走入	妻殺害→走入→成敗	方広寺	中717
10	寛文6.3.14	(1666.4.18)	頼入	篭舎→詫言→成敗	龍潭寺・正泉寺	中739
11	寛文12.5.10	(1672.6.5)	走込	悪行→詫言→詫言叶不	龍潭寺	中740
12	延宝2	(1674)	詫言	篭舎→詫言→赦免	神宮寺	中740
13	延宝4.2.8	(1676.3.22)	詫言	篭舎→詫言→赦免無之	大宝寺·報恩寺·正泉寺	中744
14	延宝4.4.1	(1676.5.13)	走入	詫言→相済	正楽寺	中744
15	延宝4.5.14	(1676.6.25)	走入	せんさく→詫言→相済	龍潭寺	中745
16	延宝5.12.15	(1678.1.8)	詫言	篭舎→詫言→ゆるされ	常光坊	中749
17	延宝6.2.1	(1678.3.23)	詫言	篭舎→詫言→ゆるされ	浜松中出家衆	中749
18	延宝8.1.7	(1680.2.7)	山林	せんさく→詫言→相済	明円寺	中753
19	延宝8.1	(1680.2)	頼上	詫言→相済	龍潭寺	中754
20	天和1	(1681)	山林	兄を誤射→山林→事納	方広寺	中762
21	天和2	(1682)	山林	留主に付き山林できず	龍潭寺	中765
22	元禄11.2	(1698.3)	寺入	我儘→仕置→寺入	龍洞院	宮6
23	元禄13.6.7	(1700.7.22)	寺え入なり	火元→寺入	龍潭寺	宮8
24	元禄14	(1701)	頼入	不埒→頼入→埒明	実相寺	宮10
25	元禄16.4	(1703.5)	山林	我儘→山林→訴詔	洞泉庵	宮14
26	元禄16	(1703)	御詫	籠舎→御詫→御免	柴本村出家衆	宮16
27	元禄17.1	(1704.2)	山林	板引→山林→参侘	寿龍庵	宮16
28	元禄17.12.23	(1705.1.18)	御侘	籠舎→御侘→出籠	楞厳寺	宮17
29	宝永2.5.7	(1705.6.27)	御侘	籠舎→御侘→御免	実相寺	宮19
30	享保6.3	(1721.3)	御侘	不届→御侘→ゆるし	実相寺	宮27
31	享保11.3	(1726.4)	御侘	籠舎→御侘→御免	実相寺	宮29
32	享保12.3.25	(1727.5.15)	頼入	詮義→頼入御侘→相済	寿龍庵	宮30
33	享保13.7.19	(1728.8.24)	寺入	詮義→寺入→埒明	？	宮30
34	享保14.5.4	(1729.6.10)	御侘	籠舎→御侘→出籠	実相寺	宮30
35	享保16.4.7	(1731.5.12)	御侘	枝荒→御侘言→相済	岩間寺·東光院·林慶寺	宮33
36	享保19.4.4	(1734.5.6)	御侘	迷惑→御侘→相済	楞厳寺	宮34
37	元文2	(1737)	御侘	籠舎→御侘→出籠	東光院	宮37
38	寛保3.2.17	(1743.3.12)	御侘	荒山→御侘→相延	長興寺·洞泉庵·本流寺	宮40
39	寛延2	(1749)	寺入	盗切→寺入→？	本龍寺	宮42
40	寛延4	(1751)	寺入	火元→寺入→御免	龍潭寺	宮45
41	宝暦4	(1754)	御侘	無作法→御侘→相済	龍珠院・龍翔寺	宮45

註）中653は「中井家日記」『静岡県史』653頁、宮45は「宮田日記」『引佐町史料』45頁を示す。

・起請文による解決が介在することが多い。
・寺院は積極的に関与せず、百姓も即座にその助けを求めるわけではない。
〈十七世紀後半〉

龍潭寺の住職が江戸へ下り詫言をする事例などがさらに活発にみられるようになるが、寛文年間までは寺社を仲介としない紛争解決が主流であった。ただし、しだいに龍潭寺以外の村寺も紛争解決に奔走するようになる。以下の点が特徴だろう。
・小規模の寺院も紛争解決にあたることが多くなる。
・一六七〇年代以降、寺院を介在にした紛争解決が急激に増加。
〈十八世紀前半〉

龍潭寺だけではなくさまざまな寺院の住持が紛争処理に奔走するようになる。僧侶による「御侘」の形態が定着化し、ほとんどの紛争が在地で処理される。そしてそれは戦国期の殺伐とした自力救済社会が終焉し、「平和」「文明化」した新たな社会が地域レベルでも広まっていたことを示している。ちなみに『中井家日記』の次の記事に注目してみたい。

一、天和弐年戌春中当　公方様御詠歌云
一、時至りかりのうき世に宿かりて
　　きへなんさきに民をすくわん
右之御詠歌ニ付堀田筑前守殿歌ニ

ちわやふる神と君との道すへに
　ゆたかにすめる民の世ノ中
一、駿州富士郡神原領今泉村之五郎右衛門と申百姓、常々ぢひふかき者にて、父母ニ孝行成事無申計ものニ而候、其外在所近辺之ものニもなさけふかくいたし、手前不叶ものニハ米麦ニかきらす五升三升つゝとらせ申候、殊ニ乞食非人ニハ不及申ニ、中ニも妄目、こしぬけ等ニハ多とらせ、達者成乞食ニハなミニとらせ、とかくもらさすなさけをかけ申候、人之方ら魚鳥をもらい候てハ何程礼を申候て、是ハ殺生かととい申候所ニ尤と申候へハ、人之しらさる様ニ其価ほと代物ヲ遣し生類をかい取、山川へはなし申候……」[61]

五郎右衛門はこのほかにも、寺に寄進した馬が誰かに売り渡され使役されることを憐れに思い、馬屋を建てたうえで近辺の者にその馬を売り渡し、寺には金子を寄進している。この「ぢひ（慈悲）」の心から御評定所に表彰（御朱印頂戴）されることになった。

この記事は天和二年（一六八二）のものであるが、このような生類憐れみにもとづく「慈悲」の心が尊重される社会が、しだいに地域社会にも根づいてきたのである。ここに殺生禁断の倫理をみいだすことができ、これは古代の時とは様子が違い、アジールを生み出す構造へとなりえた。そこに民衆の経済・思想的な成長を読み取ることができるであろう。また江戸時代の武家屋敷自体も駆込慣行を広くもっていたことが知られており[62]、まさにこの時代こそが、アジールの活発にみられた時代であり、この視点から江戸時代の「文明化」のプロセスを解明していくことが求められていよう。

第四章　近代社会の中のアジール

一般的な見解として、アジールは近代になると完全に否定されると考えられている。もちろん、近代にもアジールの思想が引き継がれるということを論じる研究者も多くいるが、すでに周知の通り社会面でのアジールは犯罪者の罪が許される空間であり、今日の社会でそれが認められていると考えることはできない。ただ歴史は常に前の時代を基盤として展開するものであり、アジールについても、かなりの部分でその思想は〈残存〉したとみることができ、さらなる分析が必要とされていよう。明治維新以後の日本社会ではアジールの思想がどのように展開していたのだろうか……。

第一節　アジールの否定と「徴兵よけ信仰」

江戸時代が駆込寺の隆盛期であり、世界史との比較からすればアジールの隆盛期として考えることができることについてすでに論じてきた。しかし、これほど地域社会で発展を遂げたアジールの慣行も明治政府の宗教政策により禁止されていき、その姿がみえなくなっていく。明治政府は廃仏毀釈をともなう神道国教化政策を推進していき（それは江戸時代に社会的に大きな役割をもっていた仏教の反発により表面的には断念するわけだが）、駆込寺の慣行自体は、管見の限り明治四年（一八七一）以降みられなくなってしまう。[63]それは寺社が国家機能の中へと取り入れられる近代化の過程（追放刑→教育刑という流れ）からいっても必然の結果といえるであろうが、民衆思想は常に前の時代の影響を下積みにして展開していくものであり（だからこそ急激に社会は変化しない）、アジールの思想もそんなに簡単に消え去るものではなかった。[64]ここでは徴兵制との問題と重ね合わせて考えていきたい。

明治政府が近代国家を建設しようとする際に、最も懸案であった政策の一つが徴兵制の施行であったことは想像に難くない。国民皆兵による近代的軍隊（大衆軍隊）の設立は、士族の武力独占を剥奪する行為であって反発を呼ぶことは目にみえており、当初から国民皆兵制が実施できたわけではなかった。よって、明治六年（一八七三）に徴兵令が施行された当初は多くの免役条項が設けられており、[65]西南戦争以前は実に八割以上の人びとが免役対象となっていた。[66]徴兵制の改正が本格的に行われるのは、明治二十二年（一八八九）のことである。ちなみに明治のはじめ、たしかに廃仏毀釈運動が活発に行われていたわけであるが、二十二年頃になると一応の落ち着きをみせ仏教復興の気運が高まりつつあった。静岡県の奥山方広寺が浜松高町に説教出張所（後、正福寺）を設けたのが二十二年であり、現在でも浜松市内のあちこちにみられる半僧坊道の道標が建てられたのも、この頃であった。

明治三十一年（一八九八）の徴兵令全面改正を期にしだいに免役条項がなくなる。それにともない国外長期移住や北海道・沖縄への移籍、自傷行為などが行われるようになるが、同時に神仏に徴兵忌避を願う

〈徴兵除け信仰〉が人気を集めるようになった。

典型的な事例としては、第三章でみてきた方広寺に付属する奥山半僧坊（静岡県浜松市北区引佐町）、同県の竜爪山穂積神社[67]、山梨県南都留郡鳴沢村の魔王天神社、あるいは埼玉県の元巣神社などが知られている[68]。これらについては岩田重則がすでに山の神（天狗）との関連でその民俗事象を説明されているが[69]、これは人々が神仏に保護を求め、その結果として俗権力から逃れることを期待しているという構造からアジール的な現象として捉えることができるのではないだろうか（なお、このような「徴兵除け信仰」は先に挙げた神社に限らず、多くの寺社がその機能を担っていたことが予測される。当然ながら往時は「徴兵除け」などと称して公然と祈願することは憚られた）。しかし明治期においては、大正・昭和とは異なり新聞などで盛んにこれが取り上げられた。明治十八年（一八八五）一月十六日の新聞記事には「近頃頻りに出雲大社へ参詣する者多き由にて其故を聞くに、彼の徴兵適齢の検査が始まりたるにより近郷は申すまでもなく類里の遠村に至るまで、親兄弟は勿論隣家組合の者迄、なんでも神力を以て免役にせ

魔王天王神社（山梨県南都留郡鳴沢村）
「魔王の山をご神体として拝礼するため本殿はない。村では大六天（オダイローサマ）と親しみ、台風などで農作物に風害が予測されるときには風の神に無事を祈ったという。戦時中には近郷近在より武運長久の祈願の人で多いに賑わった。」（鳴沢村教育委員会案内板参照）

んと、矢鱈無性に祈るとのことなるが、当市街にても随分此類は澤山あるとの噂」とあり、縁結びで有名な出雲大社も、徴兵逃れ祈願の対象となっていたことが分かる。ちなみに奥山半僧坊について興味深い伝説が知られている。[70]

無文禅師が奥山に半僧坊を建てると、裏山に数百年来住んでいた山神は不愉快になり、禅師と問答をした。山神はその問答に破れ、禅師に弟子にしてもらうように頼む。それで禅師は山神の髪を剃ろうとするのだが、山神はそれを痛がり逃げてしまう。禅師は「駄目だよ。それでは半僧だよ」というが、山神は「いい、いい、半僧でよろしい。おれは半僧でこの土地を守護しよう」といった。[71]

この伝説には「神仏習合」との深い関わりがみられるが、[72]注目したいのは、〈悪人→住持に接触→出家〉というシェーマがここから導き出されることであり、これはすでに論じた『日本霊異記』や『今昔物語集』にみられる悪人出家の話と類似している（本書第二部第一章）。もちろん、この伝説がいつ成立したのか定かではなく、先にみた説話集の影響を受けてこの話が創作された可能性も十分あるが、重要なのは奥山半僧坊がそのような認識を基盤として信仰を集めてきた点である。なお奥山半僧坊は、もともと土着の神であり、その名から察しておそらく修験山伏（天狗）であったと考えてまず間違いない。現在でも現地には天狗の像が祀られているが、後述する通り、この奥山半僧坊は明治以降〈徴兵除け信仰〉・〈弾除け信仰〉でかなりの賑わいをみせた。その初出となるのが、明治十七年（一八八四）三月十一日付の『自由新聞』の「遠州奥山の半僧坊は、当年は殊更に祈願をこめたる参詣人の多さは全く徴兵令改正に付きての故なりと聞きしが、三州八名郡の某村にて此程村会議を開き、長男までも徴兵に出ては耕作にも差支ゆる事なれば、何とか長男ばかりは免役となる策略はなきかと額を悩しての会議も三日三夜に及び、遂に凡慮のおよばざるところは神仏に祈りて免役になるべき託宣を蒙るがよからんとの発議に続々賛成者ありて、夫れには半僧坊さまが灼然なれば同所へ祈願すべしと一決し、村中挙って吾も、、と参詣に出たるよし」という記事である。

ここで書かれた「三州八名郡」は前章でとりあげた『諸宗末寺帳』の記事によれば、方広寺の「無縁所」が多い地域であり、その点で江戸時代からの信仰の継続が考えられる。さらに注目したいのは、この奥山半僧坊が漁民の信仰を集めてきた寺社だという点である。半僧坊へ祈願すると「難を逃れる」といわれ、その信仰圏は焼津・舞阪から三重県四日市・伊勢志摩、三重県尾鷲、福井県、富山県とかなり広域にわたっている(73)。

ちなみに奥山半僧坊が海難除け信仰を持ち合わせた理由については、その草創における次の縁起に由来すると考えられる(74)。

観應元年　開山大師明州を船出し給ふや一日黒風俄に起り、天地晦瞑怒濤扁舟を翻弄し、舟者乗客共に生ける思無し、時に船首に眼光烱々たる一偉人出現し、禅師に誓って曰く、「我れ此の船を守り禅師を護り奉つて故国に送り、正法流傳の大志を遂げしめ奉らん」と、即ち船師を指揮し励して博多に

奥山半僧坊の鎮座する方広寺の山門

着けしむ。

後年　禅師此の地に入り給ふ時先の偉人再び姿を現じ禅師の道化を被り永く法を護らんことを誓ひ大法挙揚の聖業を資け奉り正法興隆山門護持の願を発して当山の鎮守となり給ふ、是れ即ち半僧坊大権現であつて誓願に違はず正信の有情に利益を与へらる、こと無量にして凡そ祈誓を凝す者験を得ずと言ふことなし。されば厄難消滅、海上安全、火災消除、諸願満足の権現として信心の誠を致す者頗る多く其の霊験を得る者枚挙に遑あらず全国に亘り実に十余萬の信徒を有して居るのである。

鎌倉建長寺裏山の半僧坊

これは前述の伝説とは別に方広寺に伝わる縁起であるが、要するに開山禅師が明から日本に向かう途中に海難に遭い、その際、助けられたのが奥山半僧坊大権現であったというのである。しかし、だからといってこれが広い地域にわたる「海の民」の信仰を得た直接的な理由とは考えにくい。その背後には、やはり山の神信仰の下にある漁民の信仰形態を読み取らなくてはならないだろう（漁師にとって山は、ランドマークとなるために山の神信仰は広まりやすかった）。

ちなみに奥山半僧坊への信仰は明治期には全国的にかなり広がりをもって表れる。鎌倉建長寺の裏山にある半僧坊も、奥山半僧坊から分祀されたものであり、「半僧坊信仰」といえるほど全国の広い範囲にみられた[75]。その理由は、明治十四年（一八八一）に起きた火災において本堂をはじめほとんどの建物が焼失したにも関わらず旧半僧坊仮殿が無傷で残ったことが半僧坊の神徳だと認識され〝火伏せの神〟とされたことによると言われているが、実際には〈徴兵除け信仰〉や〈弾丸除け信仰〉（武運長久祈願）が奥山半僧坊を有名にする一つの大きな要因となったことは間違いなかろう。とくに徴兵除け信仰は、体験者がはっきりとそれを語ることが憚れる場合が多く、なかなか表面上にはあらわれないものであるが、戦前徴兵対象者となった多くの人びとにとって徴兵制は忌避されるものであったことは言うまでもなかろう。

徴兵除け信仰について、その信仰圏を分類するメルクマールとしておおよそ次のような二つの類型が設定される。第一に、信仰圏がかなり広範囲にわたる大規模な寺社にみられるタイプ、第二に、信仰圏は狭く地域（主に村）に深く結びついた寺社にみられるタイプである。第一のタイプの典型が奥山半僧坊や竜爪山であり、第二のそれが喜多村理子が注目しているような村人の身近な神社・八幡様などとなろう。そして第二のタイプの寺社では信仰対象がバリエーションに富むのに対し、第一のタイプは圧倒的に山の神（天狗）信仰にもとづくものが多い。よって、やはり注目されるのは、徴兵除け信仰と天狗との関連である。第二節で詳しく触れるが、戦時期の弾除け信仰においても天狗が信仰の対象となることが多く、それはまさに「流行神《はやりがみ》」であった。この要因について考えるために、まずは天狗の歴史的性格について、民俗学などの学術研究の成果を参考に明らかにしておきたい。なお、先述の魔王天神社においても、社内に大きな草鞋が置かれていることからも分かる通り、山の神（天狗）が祀られる神社であり（なお、現在は中学生の部活動の必勝祈願も行われている)、竜爪山の穂積神社も市街からかなり細い山道を登らなくてはたどり着けないほど山の奥深くに存在している。

天狗は異界との仲介的な存在として古来より考えられてきた。天狗＝山の神という考え方は多くの伝説・伝承によって明らかになっているが、埼玉県秩父地方北部の現在の事例を分析した岩田重則は天狗の性格を次のようにまとめている(69)。

「天狗は、不信心な人間を激しく驚かせたり……、賽銭泥棒を遠方へ飛ばしたり……、禁忌をおかした人間から口と耳の機能を奪ったり……、あるいは、神隠しもできる……」一方で、「自殺志願者を助けたり……、山仕事に従事する者を守ったり……、火事から人間を守る」など「いわば、生命をも含めて、人間が生きていく上でもっとも重要な部分を左右できる、二面性をもつ」存在。

このように天狗は歴史的に人びとの恐怖・畏怖を象徴するような存在であった。『今昔物語集』にみられる、震旦(中国)からきた強い天狗が山中の石卒塔婆に隠れていた様子などは、まさに「山中の卒塔婆が霊の憑くところであり、天狗のごとき悪霊のひそむ場ともなるとの畏怖感があったことを物語」っていよう(76)。このような天狗が明治以降、徴兵除け信仰を背景にして「流行神」として爆発的な人気をもった点に、「ソトのアジール」と「ウチのアジール」の弁証をみることができる。すなわちこれは明らかに心の内面に避難所を求めたものでありながら(社会的なレヴェルではなく個人的なレヴェル)、その求める先は「ソトのアジール」であったことが注目される。少し難解になるが、これを端的に述べれば、徴兵除け信仰は〝「ウチ」の中に「ソト」を求めたもの〟であった。天狗は「山の神」に近く、当然そこには神隠しなど江戸時代以来培われてきたイメージが、このような隠れ蓑的な発想を呼び起こしていることは想像に難くない。徴兵という厳しい立場におかれた人びとが苦し紛れに求めた先が、天狗という「ソト」の世界の住人であったことに筆者は歴史的な意義を感じずにはいられない。

第二節　戦時下における弾除け信仰――更新されるアジールの思想――

徴兵除け信仰は、戦時期になると公然と行うことができなくなり、「弾除け信仰」へと変質していくことがすでに多くの研究者によって明らかにされてきている。[77] しかしこれらの研究においては、現象的な理解に留まり、時代による信仰の制約や質的差異についてはあまり注目されてこなかったように思う。[78] はたして日清・日露戦争期の「弾除け信仰」は十五年戦争期になるとどのように変質していくのであろうか。すでに三上真理子が『読売新聞』の記事に即して明らかにした通り、十五年戦争期に入ると、徴兵のがれ祈願は公にはできなくなり、新聞にも記事がみられなくなる。[79] ただし大正七年（一九一八）三月十五日付の『読売新聞』には「今でも地方に行くと、種々徴兵除けの神様だの呪いだのがまだ在る」と書かれており、祈願は各地の村々でも行われるようになっていったように理解できる。しかし、アジールとの関連で考えた場合、この祈願に対する国家の統制（共同体的な規制をも含む）はしだいに厳しさを増し、アジア太平洋戦争期になると、徴兵のがれ祈願はおろか、兵士が無事に戻ってくることを祈願することさえ難しくなってくる。この点で注目すべきはすでに先述した埼玉県永見町の元巣神社の事例である。[80] この神社は戦前、「元巣《もとす》」という地名の語呂から徴兵除け信仰の対象になり「流行神」として有名になった。しかし一九一四年頃、徴兵除け祈祷の最中に憲兵が踏み込み、神職が追放される事件が起きた。これにより神社名も「江綱神社」と改名され敗戦の年の十二月までこの名前が使われることになったといわれる（現在、参道脇に「江綱神社」と書かれた石柱が残っており、当時の面影が覗える。一九四五年十二月に「本巣神社」に戻される）。なお注目すべきは江戸時代この「元巣神社」が、同じく「元巣」という名前から縁切り信仰の対象でもあったことだ。『新編武蔵風土記稿』（巻之百九十八）にはっきりと「村の鎮守なり、祭神詳らかならず、当社の名戻の訓に近きとて、嫁娶のときは社前を避忌と云」と書かれている。

江綱神社（現・元巣神社）
「『元の巣に帰る』という古くからの信仰により交通安全守護神として関東一円にその名を知られており、又廟難除け、災厄除、家運隆昌守護の神として」有名（元巣神社社務所案内板）

　同様の事例は京都の「戻り橋」にもみられるが、徴兵除け信仰は江戸期の縁切り俗信と結びついて表出される場合が多々あったように思われる（徴兵除け＝兵隊との縁切りという意味か？）[81]。いずれにせよ両者は社会からの圧力に対するアジールとしての機能を少なからず有していたことは間違いないであろう。明治以降、しだいに国家権力の膨張が進行していく中で、そこから遁れようとする民衆のアジールへのベクトルもたしかに存在していたことを忘れてはならない。

しかし十五年戦争期になり、「徴兵除け信仰」のようなものが民衆レヴェルでみても薄れていったことは事実である。戦中は武運長久祈願が主流となっていった。なお、すでに喜多村理子が説明している通り、[82]「武運長久祈願」と「弾除け信仰」は当時の人びとにとってあまり矛盾を感じず同調していた。アジア太平洋戦争渦中にある人びとは、たとえば次のような形で「武運長久」を捉えていたのではないだろうか。

武運長久祈願祭　　森　敬

僕等の村では八月十五日を第一回として毎月一日に出征軍人の武運長久祈願祭を行つてゐます。之は御国の為に出征されてゐる軍人さん達が健康で立派に軍の出来るやうに神様にお祈りするのです。式は午前五時に始まります。参加する人々は出征軍人の御家族を始めとして各種団体と村の一般の方々及び五年生以上の小学生等です。その日は午前四時半に合図の煙火が揚げられます、四本の青竹におしめが張られ榊が立てられて神様にいろくの供え物が供へられます。それから助役さんのあいさつがあつて神主さんの祓やのりとが朗読されて、神主さん、助

現在の一条戻橋（京都市。晴明神社に復元したものがある）

役さんそれから家族の人々と順々に玉串を神様にさゝげられます。僕等は先生の号令で二拝二拍手一拝の礼を致します。……僕は此の村から出征された人々は一人も戦死することなく無事に凱旋するやう真心こめて神様に祈りました。(83)

第三節　近代化とアジール――ギデンズの理論に沿いながら――

以上の側面は、アジールを上からみれば「宗教の世俗化」であり、下からみれば、「世俗からの逃避」であったと捉えたときに容易に理解されよう。つまり、アジールは民衆がそれを強く求めるベクトルαと、支配者側（ときにそれは「個人」に対する「共同体」とも成りうる）がそれを譲歩し容認するベクトルβの結節点に生まれる、きわめて社会契約的な現象なのである。これは一見矛盾するようにもみえるが、パラドクスであり、両者が矛盾せず社会的システムを円滑にはかってきたことはすでに示した多くの事例からも明らかであろう。アジールは近代化にともない顕在的逆機能とみなされ否定されていくが、民衆思想レベルとしてはかなりの面で連続していた。というよりも、それは江戸時代になると〝信仰〟という別の形態――筆者の言い方では「ウチ」のもの――として更新されていくのである。

このように考えてくると、アジールはたしかに「出家機能の世俗化」としても評価でき、最早単なる「逸脱」だとは思われなくなる。

ここで、機能主義と解釈社会学（interpretative sociologies）との止揚ともいえるギデンズの構造化論(84)を取り上げ、アジールが近代国家にとってなぜ逸脱行為とみられたかについて考えてみたい。ここでギデンズの理論を用いる理由は、彼の時間と空間の概念を構造化理論の中へと体系づけようという姿勢が、筆者が本稿でめざすアジールの機能分析の目標と非常に合致するからである。すでに奥井智之などによるアジールの現代的な（社会学的な）分析もあるが、それでも客観的にみて、平泉澄・網野善彦・佐藤孝之らの言うとおり、アジールは明治国家において確実に否定された。寺社への寺入りも明治四年の一一月二四日の韮山県多摩郡小川村の事例(85)を最後に管見の限り見られなくなる（これは佐藤孝之の紹介する史料。ただし明治以降も詫言などの紛争解決処理に奔走した住持が全国各地に存在していたことが知られている）。はたして、なぜアジールは社会的に否定される必要があったのだろうか。

ギデンズはハイデガーの『存在と時間』に関心をもち、「時間―空間的距離化」（time-space distanciation）」すなわち社会システムの拡大にともなう「現前」と「不在」の促進について注目したことで知られているが、これは、ミッシェル・フーコーの近代化にともなう「監視」の概念とあわせて注目する必要がある（第四部第二章）。近代化とは「監視」の進展であって、それによる支配の中心化がアジールを否定させた。ギデンズによれば「国民国家の発展は、伝統的国家にとって基本的な都市／地方関係の解体を前提としており、高度な支配的秩序の出現を伴っている」という(86)。一般的に〈近世は地域の時代〉などと言われるが(87)、日本の近代化は「非人格的（impersonal）な支配権力の概念と結びついた主権（sovereignty）の概念」にもとづく絶対王政体制期から国民国家形成の過渡期という枠組みの中で強引にスタートされたものだったと理解できよう（これは夏目漱石の「現代日本の開化」などを思い浮かべればよい）(88)。なおギデンズの

「近代化論」の最大の特徴は、「制度的再帰性」（セルフアイデンティティ）にある。近代以前においては、行為や制度についてはしばしば〝過去においてそうであった〟ということで正当化されるが、近代社会では最新の情報によって絶えず吟味され、改善されていく。アジールについても、〝どうしてそこに入ると罪が免れるのか〟が問われる社会こそが「近代」であり、そこには「先例に任せ」などの概念はもはや通用しなくなる。このような過程からアジールは否定されていったのであろう（もちろん、仏教が公で批判され、神道が重んじられたことにも大きな理由はあるが……）。しかし、また逆説的に、アジールが「現前」のものから「不在」のものへ変質して、日清・日露戦争期における庶民の〈徴兵除け信仰〉などの寺社に対する間接的な〝信仰〟を生み出し、現代の日本人の宗教行動の先駆けを形成していったという評価も一方で成立する。筆者はここに現代人が開発した新しい生活への知恵を読み取ることができるように思う。すなわち、「社会」のものであったアジールが、「個人」のものとなる時代が到来したのである。

註

（1）新谷尚紀『日本人の禁忌』（青春出版社、二〇〇三年）。

（2）戸田芳実はこれを「北陸道への逃亡者をとらえようと待ちかまえていた権力の手先を、具体的にえがいた貴重な史料」であり、「「浮浪人の長」が悪業の報いによって惨死するという話は、無名の沙弥や修行者と浪人たちとの共感に満ちた交流のなかで、生まれひろがったのではないだろうか」と位置づけている（「律令制からの解放」『日本中世の民衆と領主』校倉書房、一九九四年（初出一九七五年）参照）。

（3）京樂真帆子『平安京都市社会史の研究』（塙書房、二〇〇八年）。
（4）堅田理は『日本霊異記』の事例を検討し、僧（禅師）・優婆塞が日常的に村落に出入りするのは好ましくないとする規範が存在していた一方で、沙弥・沙弥尼が寺と村落を結びつける役割を果たしていたことを指摘している（「律令国家の成立と僧尼」『日本の古代社会と僧尼』法藏館、二〇〇七年）。
（5）鈴木景二「都鄙交通と在地秩序―奈良・平安初期の仏教を素材として―」（『日本史研究』三七七号、一九九四年）、吉田一彦「古代の私度僧について」（『日本古代社会と仏教』吉川弘文館、一九九五年）。
（6）吉田一彦「仏教の流行と私渡の僧尼」『民衆の古代史』（風媒社、二〇〇六年）。
（7）平安京の内部における異空間に注目した研究として、千本英史「京と地域・辺境」（小峯和明編『今昔物語集を読む』吉川弘文館、二〇〇八年）などがある。
（8）堅田理「律令国家の成立と僧尼」（『日本の古代社会と僧尼』法藏館、二〇〇七年）。
（9）稲岡彰『怨霊史跡考』（敬文堂、二〇〇一年）、田中聡『妖怪と怨霊の日本史』（集英社、二〇〇七年）、大江篤『日本古代の神と霊』（臨川書店、二〇〇七年）、山田雄司『跋扈する怨霊』（吉川弘文館、二〇〇七年）など。
（10）高取正男『神道の成立』（平凡社、一九九三年、二一五頁）。
（11）このような視点から広く前近代日本の「市」に注目する研究には以下のようなものがある。西郷信綱『古代の声』（朝日新聞社、一九八五年）、小林茂文『周縁の古代史』（有精堂、一九九四年）、桜井英治『日本中世の経済構造』（岩波書店、一九九六年）、勝俣鎮夫「売買・質入れと所有観念」（『日本の社会史 第四巻』岩波書店、一九八六年）など。
（12）勝浦令子は日本古代の女性の一般的習俗・慣習としての出家の動機を、①女性自身の老・病・死などを契機とするもの、②他者の出家・病・死などを契機とするもの、③その他不幸な境遇（政治的社会的事情など）に分類されている（『女の信心―妻が出家した時代―』平凡社、一九九五年）。筆者も基本的にはこれにならい分類した。

ちなみに、京樂真帆子も居住先を基準にして四つの類型を立てており、平安京の出家者それぞれの境遇の違いを浮き彫りにしており、注目される（「平安時代の女性と出家姿—都市と女性—」脇田晴子／S・B・ハンレー編『ジェンダーの日本史』上、東京大学出版会、一九九四年）。

(13) 石田瑞麿「平安中期における在家信者の受戒精神の展開」『日本仏教思想研究二』（法藏館、一九八七年）。

(14) 堅田修「王朝貴族の出家入道」（北西弘先生還暦記念会編『中世仏教と真宗』吉川弘文館、一九八五年）。

(15) あるいは『和泉式部日記』にみられるような、世の中の喧噪から遁れることを求める厭世的な「遁世感」などの場合もある（渡辺開紀「『和泉式部日記』における遁世感の意義」『國學院大學大学院紀要　文学研究科』第三九輯、二〇〇八年）。

(16) 『栄華物語』巻十一、寛弘九年閏十月十一日。

(17) 中村修也は、平安京において犯罪が多発した理由について「為政者の徳性の多少に関わる要因が意外と大きい」としている（『今昔物語集の人々　平安京篇』思文閣、二〇〇四年）。

(18) 「国土＝王土思想が無条件に認められてた状況の中では、王権に対する仏法の優位を自覚してそれを恒常的に主張してゆくだけの社会的・思想的基盤は、存在しなかったというべきであろう。」（佐藤弘夫「中世顕密仏教の国家観」『神・仏・王権の中世』法藏館、一九九二年）。

(19) 網野以前も笠松宏至などの研究の中で部分的にアジールの理解が用いられることはあったが、日本中世史の中でアジールが全面に取り上げて研究されることはなかった。ただしそれに対して近世史の研究では比較的早くこの問題について検討が始まっていた（第三章参照）。

(20) 永原慶二「村落共同体からの流出民と荘園制支配」（『日本中世社会構造の研究』岩波書店、一九六八年）。

(21) 西洋のアジールは教会がもっていた庇護権を想定とする。なお、ここで筆者が用いるアジールの概念は、社会共同体の内部に存在する庇護権のことであり、本書第一部の規定によれば「ウチのアジール」のことを指す。

(22) 中村吉治『日本封建制再編成史』（三笠書房、一九三九年）、同『近世初期農政史研究』（岩波書店、一九三九年）、宮崎克則『大名権力と走り者の研究』（校倉書房、一九九五年）、同『逃げる百姓、追う大名』（中公新書、二〇〇二年）。あるいは中世の「去留の自由」をめぐる研究としては、勝俣鎮夫『戦国法成立史論』（東京大学出版会、一九七九年）、入間田宣夫『百姓申状と起請文の世界』（東京大学出版会、一九八六年）、黒田弘子「逃散・逃亡そして『去留』の自由」（『民衆史研究』三三号、一九八七年）、安良城盛昭『天皇・天皇制・百姓・沖縄』（吉川弘文館、一九八九年）など多数。

(23) 佐藤和彦「悪党発生の社会的要因」『南北朝内乱史論』東京大学出版会、一九七九年。網野善彦『中世再考』（日本エディタースクール出版会、一九七八年）。正応四年九月日「荒川名手両庄悪党交名注文」（又続宝簡集一五四三号）。

(24) 平泉洸「高山寺とアジール」（『神道史研究』第三十八巻第一号、一九九一年）。

(25) 朝倉義景裏書「滝谷寺文書」『朝倉氏五代の発給文書』福井県立一乗谷朝倉氏遺跡資料館、二〇〇四年）、一三九号。この文書には「永禄七年十月十六日滝谷寺寺法」が追加されている。

(26) 近年の「戦国仏教」をめぐる研究として湯浅治久『戦国仏教』（中公新書、二〇〇九年）がある。なお中世の寺院がもつ「暴力」性については、小野正敏・五味文彦・萩原三雄編『中世寺院　暴力と景観』（高志書房、二〇〇七年）を参照。この中で神田千里は「自力救済の抑制」という視点からアジールに注目している（「寺院と武力行使」）。

(27) ただし『顕広王記』治承元年五月二十三日条にみられるように、明雲自身は「固辞」したものを半ば強引に比叡山に連れて行かれており、主体的な意志に基づく本来のアジールとは性質が異なる。

(28) 河内祥輔「治承元年事件および治承三年政変について」（『日本中世の朝廷・幕府体制』吉川弘文館、二〇〇七年）。

(29) 河内祥輔「以仁王事件について」前掲書。

(30) 伊藤正敏『寺社勢力の中世』(筑摩書房、二〇〇七年)。
(31) 「鹿嶋太神宮諸神官補任之記」(「鹿島神宮文書」一八一号)『茨城県史料　中世編Ⅰ』一九七〇年。
(32) 伊藤邦彦「諸国一宮・惣社の成立」(『日本歴史』三五五号、一九七七年)。なお、例外的に七月大祭の時は、見物客が各地から集まっていたことが覗える(飛田英世「中世鹿島社と大船津」『千葉県立大利根博物館調査研究報告』八号、一九九九年参照)。
(33) この点では、黒田俊雄のアジールをめぐる次の見解は一定程度の正しさをもつ。「畏怖につけ呪願につけ、寺社は庶民生活に不可欠の役割をはたしていたが、弱い者の避難所ということもまた、寺社の重要な機能であった。どの寺社にしても仏神の支配する聖域である以上、世俗の領主の手の者や軍勢がみだりに踏みこむべきところでないとされていたから、守護や地頭でも追捕の兵を入れることはできず、まして頭を剃り衣をつければ、処刑されないのが常識であった。(中略)けれども、このような仏神の権威は、寺社のもつ一種の領主的特権と表裏の関係にあった。」(『寺社勢力』岩波書店、一九八〇年)
(34) 佐藤弘夫「中世顕密仏教の国家観」。
(35) 佐藤弘夫『起請文の精神史』(講談社、二〇〇六年)。
(36) 田中久夫「戦国時代に於ける科人及び下人の社寺への走入」(『歴史地理』七六巻二号、一九四〇年)。
(37) 横田光雄「戦国大名伊達氏の田村領包摂とアジール抑圧の論理」(『古文書研究』五九号、二〇〇四年)。
(38) 有光友學「今川氏と不入権」(『戦国大名今川氏の研究』吉川弘文館、一九九四年)。なお有光は旦那を「領主＝井伊氏＝今川氏」として理解しているが、ここでは井伊氏が「旦那」であって、今川氏を旦那として理解することはできないように考えられる。なお近年、有光は今川義元の寺社政策に注目し、領国内の寺社が保護されると同時に本末関係が整備されていく様子について指摘している(『今川義元』吉川弘文館、二〇〇八年)。

(39) 今川仮名目録追加『静岡県史』七一二一七三号。
(40) 小和田哲男は「禅寺はアジールを利用したお家再興の舞台としての側面ももっていたこと」を明らかにしている（『戦国武将を育てた禅僧たち』新潮社、二〇〇七年）。
(41) 阿部善雄『駈入り農民史』（至文堂、一九六五年）同『目明かし金十郎の生涯』（中公新書、一九八一年）、秀村選三「幕末薩摩藩におけるアジールの痕跡」『幕末期薩摩藩の農業と社会』創文社、一九六四年。伊東多三郎「近世に於ける政治権力と宗教的権威」『近世史の研究』第一冊、吉川弘文館、一九六〇年。
(42) 高木侃『三くだり半』（平凡社、一九八七年）、同『縁切寺満徳寺の研究』（成文堂、一九九〇年）、同『三くだり半と縁切寺』（講談社、一九九二年）など。
(43) 佐藤孝之「近世の村と「入寺」慣行─武州の事例から─」（『郷土志木』二三号、一九九四年）、同「近世の村と「入寺」「欠入」─駿遠豆の事例から─」（『地方史静岡』二三号、一九九五年）、同「「入寺」慣行からみた村と寺院─下野・常陸・下総の事例から─」（『栃木史学』一五号、二〇〇一年）、同「甲州における「入寺」慣行と村社会」（竹内誠編『徳川幕府と巨大都市江戸』東京堂出版、二〇〇三年）、同『駆込寺と村社会』（吉川弘文館、二〇〇六年）。
(44) 長島淳子『幕藩制社会のジェンダー構造』（校倉書房、二〇〇六年）など。
(45) 竹田聴洲「近世社会と仏教」（『岩波講座　日本歴史9　近世1』岩波書店、一九七五年）。
(46) 大桑斉『日本仏教の近世』（法蔵館、二〇〇三年）。なお、この他にも「葬祭から祈祷へ」という近世初期の民衆の信仰を示した研究（圭室文雄『江戸幕府の宗教統制』（評論社、一九七一年）や、寺請制・檀家制の展開を思想面からアプローチした研究などがある（小沢浩『生き神の思想史』岩波書店、一九八八年）。
(47) 高埜利彦『近世日本の国家権力と宗教』（東京大学出版会、一九八九年）。
(48) 荎田佳寿子「内済と公事宿」（『日本の社会史5　裁判と規範』岩波書店、一九八七年）。

(49) 齋藤悦正「近世村社会の「公」と寺院」(『歴史評論』五八七号、一九九九年)、同「百姓一揆にみる寺院と地域」(『民衆史研究』六四号、二〇〇二年)。

(50) 廣瀬良弘「戦国期の禅宗寺院と地域権力」(所理喜夫編『戦国大名から将軍権力へ』芳川弘文館、二〇〇〇年)。

(51) 峰岸純夫「網野善彦『無縁・公界・楽』によせて」(『中世 災害・戦乱の社会史』吉川弘文館、一九七九年)、松井輝昭「戦国時代の無縁所について」(『広島県史研究』第六号、一九八一年)、網野善彦『増補無縁・公界・楽』(平凡社、一九八七年)、大石泰史「『山林』文言から見た延命寺文書」(千葉歴史学会編『中世東国の地域権力と社会』岩田書院、一九九六年)、本多隆成『初期徳川氏の農村支配』(吉川弘文館、二〇〇六年)など。

(52) 最近、佐藤孝之は中世の山林＝逃散の場が、近世になると寺院への「山林」へと収斂されていくことに注目している(「「山林」からさぐるアジールの変容」廣瀬良弘編『禅と地域社会』吉川弘文館、二〇〇九年)。しかし、中世での「山林」は「出家隠遁」の意味合いが強く「山林に交わる」と「山野に交わる」の表現はたしかに曖昧なものになっていくが、ある程度使い分けられていたように考えられる。

(53) 徳川家康寺領寄附朱印状写「方広寺文書」『静岡県史料』五―五号、慶長八年八月二十八日。

(54) 僧録所色衣免許状「方広寺文書」『静岡県史料』五―一一号、天明六年正月。

(55) 東京大学史料編纂所編「諸宗末寺帳下」『大日本近世史料』東京大学出版会、一九六八年所収。

(56) 佐藤孝之「近世の村と「入寺」「欠入」」(『地方史静岡』二三号、一九九五年)。

(57) 「昔、井伊谷村との争いごとに敗れた三岳村の人々が領主に公平な裁きを求めました。そこで領主は井伊谷の代表者七人を連れて来るよう命じましたが、龍潭寺に逃げ込んでいて捕らえることができません。仕方なく供人として争いに参加していた五助という下男を捕らえ、数日後、彼を打ち首の刑場へ連れて行きました。その時です。刑の執行延期の命を受けて駆けつけた急使が、刑場近くの坂の上から「その打ち首、待った。待った。」と叫びました。しかし首切り役人はそれを「まだか。まだか。」と聞き違え、一気に刀を降り降ろしたのでした。以来、その坂は〝まった坂〟と呼ばれ、今なお残る〝首切り田〟の跡には五助をまつる小さな祠があって位牌が入っていたそうですが誰が持ち去ったのでしょう。今ではどこにも見当たらないということです。」(『ふるさと探訪』引佐町役場 企画商工観光課、二〇〇三年)。

(58) 山奉行職であった宮田家の記録で、元禄五年から宝暦九年までの六八年間の記事が載せられる。とくに江戸の火災や各地の災害についての記事も多く載せられ、山奉行職としての情報蒐集の事情が想起される。現在、藤原明徳氏所蔵。引佐町古文書研究会により翻刻されている(『引佐町史料集 第十一集』引佐町教育委員会、一九七九年)。

(59) 大石学『元禄時代と赤穂事件』(角川書店、二〇〇七年)。

(60) 寛永十九年、百姓一揆を企てた罪で本坂村惣兵衛らは獄門にかけられることになったが、惣兵衛の息子でこんがう寺の弟子に「けいやく」した子がいた(「いまたかみヲハそらす、かぶろニ而寺にい申つる」)。罪がこの子供にまで及びそうであったので、こんがう寺の坊主は江戸へ出て訴訟に及んでいるが、ついに守りきれず子供は死罪にあってしまった。

(61) 「中井家日記」『静岡県史 資料編近世四』所収。筆者は引佐図書館(浜松市)にて原本を閲覧させていただいた。

(62) 笠谷和比古「近世武家屋敷駈込慣行」(『近世武家社会の政治構造』吉川弘文館、一九八〇年)、佐藤宏之「武家屋敷」(大石学編『江戸のうんちく』角川書店、二〇〇八年)。

(63) しかし、江戸時代を通じて広い地域に機能していた駆込寺の慣行が明治政府の成立にともない俄に消滅したとは考えにくく、この近世・近代の転換期の変質過程について今後更に検討していく必要がある(この点について、実相寺住職の巨島泰雄氏からご教示を得た。巨島氏は、引佐町内では江戸末期までの住持の御託が広汎に機能していたことを明らかにされている(「村社会における寺院の一側面」『文芸引佐』三四号、二〇〇三年)。

（64）安丸良夫は、近代になると迷信や時代遅れ的な民俗信仰が零落し、逆に近代社会システムのなかに組み込まれた諸契機に、民衆は喜びや解放感を求めていった点を指摘している（『文明化の経験』岩波書店、二〇〇七年）。しかし、近世的な「不安の領域」が完全に消え去ってしまったわけではない。

（65）この時期の明治政府の方針は、従来の村落共同体を通じた農民支配から家父長的な「家」を単位とした支配体系へのシフトがより重要視されていた（大石慎三郎「徴兵制と家」『歴史学研究』一九四号、一九五六年参照）。

（66）鹿野政直「日本軍隊の成立」（『歴史評論』四六号、一九五三年）。

（67）「静岡市郊外竜爪山の竜爪権現という天狗は、昔は駿河在番の徳川旗本や、その家士を引っ攫ったり、木樵や猟夫を脅かしたりして、暴れまわった荒っぽい天狗として恐れられていたが、どういうわけか鉄炮が嫌いで、打っ放つと退散すると伝えられており、今でも竜爪権現祭には、近郊の猟師や狩猟家が鉄炮を持って集まり、数十挺がいっせいに空中に放たれ、鉄炮祭りと呼ばれている。」（知切光歳『天狗の研究』原書房、一九七五年）。

（68）徴兵逃れの神様が、山梨県周辺（忍野の天狗、小立の浅間神社、法華寺、常在寺、船津の八王子神社など）に多かったことがすでに指摘されている。「日ごろも非常なにぎわいを呈するが、徴兵検査の前後にいたっては、連日連夜、宮司は眠るひまもないありさまで、『大願成就何某歳』と麗しく大書した満願のぼりが対立したということである。」（松下芳男『陸海軍騒動史』（くろしお出版、一九五九年）。

（69）岩田重則『戦死者霊魂のゆくえ』（吉川弘文館、二〇〇三年）、同「山の神論」（静岡県民俗学会編『中日本民俗論』岩田書院、二〇〇六年）。

（70）岡宏三「幕末・江戸の神在祭（縁結び）ブーム」（『しまねの古代文化』一四号、二〇〇七年）。

（71）御手洗清『遠州伝説集』（遠州出版社、一九六八年）。

（72）義江彰夫『神仏習合』（岩波書店、一九九六年）。義江は仏教を普遍宗教、神祇信仰を基層信仰として捉え、日本の神仏習合の歴史においてはこれらが排除・抑圧することなく結合していったことに特質があるとしている。
(73) 岩田重則「弾丸除け信仰の基層―ケガレと認識された戦争―」(『静岡県史研究』一一号、一九九五年)、一三四頁。
(74)「鎮守半僧坊大権現縁起」『東海之名刹　方廣寺』(方廣寺、一九八三年)。
(75) 平井一雄「飛弾・越中の「半僧坊」信仰」(『北陸石仏の会研究紀要』創刊号、一九九六年)などに詳しい。
(76) 村山修一「愛宕山と天狗」(『修験の世界』人文書院、一九九二年)。
(77) 大江志乃夫『徴兵制』(岩波新書、一九八一年)など。
(78) この点で、ムラの「庶務日誌」をもとに徴兵逃れ祈願を具体的・実証的に分析した喜多村理子の研究は重要であろう。徴兵逃れ祈願が日中戦争期以降も「内面的世界」で継続していたとしたならば、武運長久祈願との関係をどのように捉えればよいのであろうか。さらなる分析が求められているように思う。
(79) 三上真理子「徴兵役忌避者の肖像―大正・昭和の『読売新聞』報道から―」(『哲学』一一四号、二〇〇五年)。また三上は徴兵祈願について「徴兵逃れ祈願という行為には、確かに民衆の抵抗(厭軍・厭戦感情)が内包されていた。しかし、それは国の論理の枠組みからはみだすものではなかった。」としている(「近代日本における兵役拒否・兵役忌避・徴兵逃れ祈願」『慶應義塾大学大学院社会学研究科紀要』五八号、二〇〇四年)。
(80) 元巣神社には、当時の祈祷人名簿が残されており(「祈願を受けた兵士名簿発見」『朝日新聞』(夕刊)一九九九年八月十四日)、江綱神社に改名された後も、弾丸除け信仰に霊験があるとして全国的に知られていたことが分かる(『特別企画展 戦時下の暮らしと願い』埼玉県平和資料館、一九九九年)。なお埼玉県比企郡小川町には半僧坊が鎮座され、武運長久の神として信仰を集めた。
(81) 阿部謹也は自身の遺著の中で、日本の「神は「世間」の中で絶対的な位置をもっておらず、その信仰や御利益も民衆の側から要求される」とした上で、「人々の願望が中心にありましたから、戦時中には兵隊との縁切りも行われていたのです。」と述べている（阿部謹也『近代化と世間』朝日新書、二〇〇六年）。

（82）喜多村理子『徴兵・戦争と民衆』（吉川弘文館、一九九九年）。

（83）白脇村児童の武運長久祈願（昭和一二年一一月）『浜松市史 新編史料編四』（二〇〇六年）。

（84）「構造化」（structuration）とは、解釈主義の「構造＝拘束」という偏見の除去と、機能主義で見落とされている行為主体の概念の導入と変動性（時間の概念）を採用した分析である（今枝法之『ギデンスと社会理論』日本経済評論社、一九九九年）。

（85）『小平市史料集 一六』。出火によって「入寺」し「勘弁」となっている。

（86）今枝前掲書、一一三頁。

（87）R・V・デュルメンの考え方。佐々木潤之介『江戸時代論』（吉川弘文館、二〇〇五年）参照。

（88）日本の近代化については主にパーソンズの分析概念を用いた議論が一九五〇～六〇年代の「近代日本会議」において用いられ、日本は近代化のコースを確実に歩んでいたことが証明され、日本の近代化は非西欧社会における「革命のない工業化」として評価されるにいたった。しかし日本の支配構造の問題からすれば、明らかに西欧の近代化に対して複雑な過程（内的矛盾）を孕みながらのスタートであったと言えるだろう（佐藤守弘『現代社会学辞典』有信堂高文社、一九八四年）。

第三部　アジールに魅了された歴史家たち

第一章　平泉澄とアジール

日本の代表的な思想家の一人丸山真男は著書『日本の思想』において「(日本は) ヨーロッパに見られたような社会的栄誉をになう強靭な貴族的伝統や、自治都市、特権ギルド、不入権をもつ寺院など、国家権力にたいする社会的バリケードがいかに本来脆弱であったかがわかる。」(傍線筆者) と述べている。「不入権をもつ寺院」とは中世ヨーロッパ教会のアジールのことであろうが、丸山が西欧と日本の比較の中でアジールに注目していたということは興味が引かれるところである。従来のアジール研究は、歴史学のうえでは戦前の平泉澄の研究を一つの起点とし、戦後は阿部謹也・網野善彦によって大きく発展させられていったといわれているが、はたしてなぜ彼らはアジールに注目することになったのであろうか。

第一節　『中世に於ける社寺と社会との関係』の時代

平泉澄の『中世に於ける社寺と社会との関係』（以下、『社寺と社会』）は、一貫して実証主義がとられたきわめて今日的にも意義深い著作である。平泉は「皇国史観の主唱者」といわれ戦中のイデオローグとしての一翼を担ったこともあり、戦後の歴史学者たちは平泉の歴史学に対しては批判、あるいは無視する傾向が強かった。しかし彼の学位論文である『社寺と社会』『中世に於ける精神生活』は客観的にみて皇国史観とは相容れない異彩を今日まで放ち続けている。この二著がいわゆる「平泉皇国史観」と異質な点は次の三つの点に集約されるであろう。

①　研究の対象が民衆へと及んでいること。
②　他の中世史研究の成果に沿っていること。
③　欧米との比較の視点があり、日本との共通点を論じていること。

しかし網野善彦の指摘によれば、この『社寺と社会』にはすでに後の皇国史観につながる考え方がみられたという[1]。これは、平泉の思想が生涯一貫していたという今谷明の視点にもつながっているが[2]、『社寺と社会』は大正期に書かれた著作であり、明らかに後の平泉皇国史観とは相容れないものだったと考えざるをえないのではないか。むしろ筆者は、実証的な学風を手にしていた平泉がなぜ戦中にあれほどまでに皇国史観を強調していったかについてこそ、注目すべきだと考える。

平泉皇国史観の最大の特徴は、後醍醐天皇の業績を礼賛し(3)、人物を中心に歴史を論じるところにある(4)。それは平泉の「我は歴史の外に立たず、歴史の中に生くるものである。歴史を有つものでなく、厳密には歴史するものである。前には歴史のオブゼクトに人格を要求した。今は歴史のサブゼクトに人格を要求する。かくの如く内省してゆく所に、現代史観の特徴がある」(5)という発言からも知られる。

ここでいう「人格」という言葉に、当時の西洋史学界に対する平泉の立場が明確になっている。当時のヨーロッパの歴史界では、従来の「人格」を強調する歴史観と、新しく登場してきたマルクスやランプレヒトなどの「社会」に注目する歴史学が対立していた。これに対して平泉は前者の古典的な立場を固辞した形となる(6)。

さて西洋史の学界に通じており、クローチェ、トレルチ、マイネッケなどの歴史観の影響を多分に受けたことが知られている平泉が、なぜ皇国史観と呼ばれる悪名の高い歴史観に走ることになったのだろうか。これについてはさまざまな説があるが、その中でもクローチェの思想の影響を導き出す研究が多いことが注目される。事実、平泉は羽仁五郎が翻訳したクローチェの『歴史叙述の理論と歴史』を絶賛しており(7)、『我が歴史観』の中にも「純粋客観の歴史というものは断じてあり得ないので、もしありとすれば、それは歴史ではなくて、古文書記録即ち史料に外ならない」のようにクローチェと共通する歴史観が随所にみられ、実証主義を相対的に軽視する見方が当初よりあったと考えられる。

ちなみに平泉の歴史観は非常にはっきりしていたといわれ、「歴史神学者」として平泉を捉える見方もあるが(8)、少なくとも『社寺と社会』期の彼は、まだ自身の歴史観の機軸となる考え方を持ちえていなかった。それは、平泉が西洋の歴史家の考え方を熱心に学んでいたことにも間接的に表われていよう。

なお少し話が飛ぶが、ここで平泉が戦後著した『少年日本史』(9)について注目してみたい。この著書については、家永教科書裁判の際に検討されたことがあったが、それ以降はあまり注目されてこなかったように思われるが、平泉史学の集大成といえる歴史書であり、あらためて注目する必要があろう。この著書のタイトルは次の通りだ。

［古代］

一 国家建設、二 神武天皇、三 皇紀（上）、四 皇紀（下）、五 神代（上）、六 神代（下）、七 日本武尊、八 神功皇后、九 応神天皇、十 継体天皇

［上代］

十一 聖徳太子（上）、十二 聖徳太子（下）、十三 大化改新、十四 天智天皇、十五 藤原京、十六 平城京、十七 記紀、風土記、十八 万葉集（上）、十九 万葉集（下）、二十 大仏、二一 和家清麻呂、二二 坂上田村麻呂、二三 最澄と空海、二四 平仮名、二五 片仮名、二六 古今集、二七 竹取物語、二八 源氏物語、二九 延喜式、三〇 菅原道真、三一 延喜。天暦、三二 藤原氏の全盛、三三 八幡太郎義家、三四 後三条天皇、三五 院政

［中世］

三六 保元の乱（上）、三七 保元の乱（下）、三八 平治の乱、三九 平家の全盛、四〇 源三位頼政、四一 平家の都落ち、四二 源義経（上）、四三 源義経（下）、四四 源頼朝（上）、四五 源頼朝（下）、四六 承

久の御計画（上）、四七 承久の御計画（下）、四八 北条時宗、四九 後醍醐天皇、五〇 楠木正成、五一 建武の中興、五二 吉野五十七年（一）、五三 吉野五十七年（二）、五四 吉野五十七年（三）、五五 吉野五十七年（四）、五六 室町時代

［近世］

五七 織田信長、五八 豊臣秀吉、五九 徳川家康、六〇 徳川家光、六一 山鹿素行、六二 山崎闇斎（上）、六三 山崎闇斎（下）、六四 本居宣長、六五 水戸光圀、六六 井伊直弼、六七 橋本景岳、六八 吉田松陰、六九 孝明天皇

［現代］

七〇 明治維新、七一 西郷隆盛、七二 明治天皇、七三 二大戦役、七四 大東亜戦争

一見して人物を中心にした歴史叙述であることが分かるが、(10) この中で「北条氏の残忍」と題された章にアジールと関連する次のような指摘がある。長文にわたるが、重要な指摘であるので引用してみたい。

戦いやぶれて人々、方々へ逃れた中に、栂尾の山の中へ入って隠れた人も、たくさんありました。そこには高山寺という寺があって、住職の明恵、情深い人で、逃げ込んだ人々をかくまい、親切に保護していました。北条の部下、これを知り、明恵に縄をかけて、六波羅へ引き立てました。泰時、これを見てびっくりし、自分で縄を解いて、

「いったいどうなされましたか。」

と尋ねます。明恵は、

「栂尾は殺生を許さない山でありますし、私は仏に仕える者であります。鷹に追われる鳥あれば、これを助け、猟師に追われる獣あれば、それを保護してきました。まして人の救いを求める者あれば、これを助けないはずはありません。官軍の将士を、確かにこれまでかくまいました。今後も保護したいと思います。それがいけないというのであれば、私の首を刎ねてください。」

と、落ち着いて言いました。泰時は非常に感心して、そのまま寺へ帰し、世の中少し落ち着いて後、栂尾山へ参って、教えを受けました。すると、明恵は、こう言いました。

「我が国は、神武天皇以来、皇統連綿として今に続いています。それ故、天皇の御命令には、絶対に服従しなければならないのであって、もしそれがいやというのであれば、日本の国から出て、シナへでも、印度へでも、行くがよいのです。それを、あなたは、官軍を亡ぼし、都に討ち入り、上皇達を遠い島々へお流し申し上げ、多くの人々を殺すとは、何という間違いをしでかしたことでしょう。この罪は至って重く、容易なことでは償われません。

ここでは、大学院生時代には「社会」についても目を配っていた平泉が、明恵個人の裁量によってアジールが発生したと考えていることがはっきり分かる。彼のアジール論は個人（それも「偉大なる個人」）に着目したことで、それ以上発展をみないまま終わってしまったのである。

以上、「偉大なる個人」に対する注目こそが平泉皇国史観の大きな特徴として指摘できるが、『社寺と社会』や『中世に於ける精神生活』にはそのような視点が薄い。そもそも平泉皇国史観は先ほどの後醍醐天皇を中心とした歴史の見方からも分かる通り、人物（英雄）中心の歴史観を終始貫いている。それは晩年の『少年日本史』をみれば顕著であろう。これまでタブーとされてきたが、学位論文『社寺と社会』については平泉皇国史観とは切離した実証的な分析が今後必要とされるのではないだろうか。なお、このように現在、平泉の『社寺と社会』を読み返すことの妥当性は、彼がその著書で実証主義的な分析と的確な研究史の整理を行なったことによって保障されていることも重視しなくてはならない。以下でそれが書かれた背景、また学史上の位置づけについて検討していこう。

第二節　日本は西洋社会と何が違うのか？

戦前の歴史学の動向は、誤解を恐れずに一言してしまえば、きわめて政治的な欲求に即して行われてきた。つまり、当時の明治日本が現実に直面した日本社会の西欧化の推進という課題に歴史学がどのように答えられるのかが常に求められていたのである。いわゆる西洋特有の時代区分（古代・中世・近世・近代）が日本社会に適応されるようになったのも当時の原勝郎や内田銀蔵の著作によることは歴史学者の間では一つの「常識」となっている[11]。また福田徳三などは早くから発展段階説を日本に適用させ[12]、法学者の中田薫もドイツ法制史の概念の日本への適用をめざした[13]。いずれにせよ明治の日本史学のスタートがヨーロッパとの比較によって成立したものであることは確認しておかなくてはならない。とくに日露戦争期の著作には日本と西欧の類似性に注目する研究が多く出され、その研究視点が現在まで大きな影響をもっている。

しかし大正期に入ると、これらとは別の角度から日本史にアプローチする研究がみられるようになってきた。たとえば、中村直勝の『日本文化史』[14]などの業績が挙げられる。中村の研究は日本の近世社会の出発点を南北朝時代まで押し下げるものであり、その意味では日本史における新しい尺度となった。このような流れの過渡期に平泉の『社寺と社会』は位置づくのである。彼はこのような歴史学の大きな流れの中で日本の中世を「予がこ、にいふ所の中世とは、後白河法皇の保元元年（紀元一八一六年）より、正親町天皇の天正元年（紀元二二三三年）に至る、前後四百十八年間を指したのである」と規定した。そして彼は政治史上の時代区画をそのまま文化史上のそれに適用させる意義について述べる。その際、ベルグソンの「創造的進化」の説などを引いていることが目をひくが、ここで平泉は「しかしながらひとり政治方面ばかりでなく、道徳、宗教、美術、文学、科学等の精神生活、交通、商業、農業、工業等の経済生活を考え、国民生活全般に亘って文化発展の経路を辿る時には、前掲の時代区画（奈良朝時代、平安朝時代、南北朝時代等）には著しき不満を感ぜざるを得ない」（『中世に於ける精神生活』）と述べ、次のように時代区分している。

古代…………推古朝以前
上代…………推古朝〜平安
中世…………保元〜室町
近世…………天正（幕府の倒壊）〜江戸
最近世(現代)…慶應三年以降

ちなみに平泉澄の生涯をまとめた若井敏明はこの時代区分の矛盾について指摘しているが[15]、平泉が「中世と近世とは等しく武士の時代であって、その点に於いて共通の如く見らるるけれども、その社会組織に於いても、その経済生活に於いても、両者の間には著しい相違があり、殊に精神生活の上には非常なるコントラストを見る」（同前書）と述べていることからも分かる通り、彼が「精神生活」で考える武士とは「武士道」（武士の精神）のことであり、それは彼の時代区分の考え方とも矛盾していない。

いずれにせよ、平泉が『社寺と社会』等を執筆している時点では、まだ現在広く用いられている時代区分は一般的ではなかったことは確認しておかなくてはならない。通説によると原や内田によって「中世」や「近世」という概念が導き出されたというが、この時代にはまだそれは一般的でなかったようである。そんな時代に平泉が「中世」という時代にこだわったことは実に興味深い。平泉は明らかに『社寺と社会』の当時、時代区分にこだわりをもっていたが、その大きな理由は、やはり彼が西欧と日本の類似性を見出そうとしていたことにあるだろう。それは言い換えれば、西欧の機軸を日本社会に当てはめることでもあるが、これらの平泉の視点が、今日に与えた影響は意外なほど大きい。そしてそれは見方を変えれば阿部謹也らの西洋史、とくに「社会史」が一九七〇年代に日本史の中に影響を与えてくるのと質的によく似たことだったように思われてならない（この点は後述）。なお平泉の『社寺と社会』の研究の先駆性については以下に挙げるごとく多くの門下生たちが注目していた。

・「私の在学中の大正十五年に平泉先生の学位論文『中世に於ける社寺と社会との関係』と前年の講義稿本の『中世に於ける精神生活』がでたのですが、これはまさしく大正の文化史の産物でして、国史学会に新しい問題を投じたものと思います。」（大久保利謙）(16)

・「平泉さんは『中世に於ける社寺と社会との関係』。たいへんすぐれた本なんでしょう、あれは。」（林健太郎）[17]
・「（『社寺と社会』は）当年の中世史研究としては、抜群の、清新な内容をそなえている。つまり、歴史時代としての中世が、意図と実質において、かなり体系的に追求されており、その後のかれとちがって、「経済生活」への浅薄とはいえない洞察もそこに見られる。」（北山茂夫）[18]
・「そうそう、これは言っては悪いけれどもね。平泉さんなんかには、私も憧れた一人ですが、若い時分からいい本を書いていますよ。だけれど、あんまり図にのると、ああいう結果になる。」（村田正志）[19]
・「その（『社寺と社会』の）中のアジール研究などは海外の研究も縦横に駆使したもので、戦前の中世史研究のトップクラスの一つに数えられるものではなかったろうか。」（井上光貞）[20]
・「平泉澄を直接知らない戦後世代の中世史研究者のなかには『中世に於ける社寺と社会との関係』だけを取り上げ、アジール（避難所）や座をめぐる発言を賞揚する見方もある。」（永原慶二）[21]

このように平泉の『社寺と社会』は当時の歴史学界に対して大きな影響をもたらしたということが「常識」化している。しかし、具体的にはどのような影響があったのだろうか。

実は、平泉のアジール論を踏襲した研究は戦前においてもきわめて少ない[22]。それは当時の『史学雑誌』[23]をみわたしてもわかるが、管見の限り、学位論文の審査記事の他に細川亀市・田中久夫・平田俊春[24]の研究で取り上げられただけである。少なくとも平泉のアジール論が戦前において大々的に議論されたり、批判されたりした事例は見当たらない[25]。

そもそも『社寺と社会』は、精神的な面に注目した論文(『中世に於ける精神生活』)が別にあることからも分かる通り、経済史的な研究が中心となるものであった。なるほど『社寺と社会』の章別のページ数を並べてみると、たしかに第三章「社会組織」の記述が多いことがわかるが、第三章の四〇%以上は欧米の先行研究の整理であって、具体的な論証部分はかなり少ない。それは第四章の「経済生活」に比べるかに量的に劣るものであった。また『社寺と社会』を引用する他の文献においても、平泉のアジール論について触れる研究はあるが、積極的に批判や検討を加えようとする研究はほとんどみられない。

後述することになるが、石井進は一九七〇年代に「中世社会論」において平泉のアジールを「再評価」した。それは戦前・戦後において平泉以後アジール論が取り上げられることがなかったがゆえであり(平泉自身も以後アジールについて研究を進めようとしなかった)、平泉のアジール論は学界に根づいていなかったと評価するのが妥当なのではないだろうか。すなわち、西洋の概念をそのまま日本社会に適用させることは、戦前〜戦中のこの頃にあってはすでに流行らなくなっていたのである。

第三節　平泉澄とアジール——なぜ平泉はアジールに注目したのか——

平泉澄の『社寺と社会』で注目されるのが、対馬の「ソト」についての分析であることは先述した(第一章第二部)。ここでは、対馬で平泉が何を目撃し、そしてそれがどのように彼の歴史観に影響を与えたのかについて考えをめぐらしてみたい。

『社寺と社会』の第三章「社会組織」は、中世における寺社がその社会組織の上に占めた特色をアジール研究によって解明しようとしたものである。平泉はまず海外の研究史を整理し、日本においても「鬼ごっこの遊戯における宿もしくは場にそれが残っている」とし、アジールは「人類発達の或る段階に於て、一般に経験する所の風習又は制度」であり「世界各国と比較考量することは、必要として意義深いこと」と述べる。細かい研究史の整理については省略するが、英語やドイツ語、フランス語の文献を多用しており、いかに平泉が勉強家であったのかが分かる。

欧米論著を整理したうえで平泉は「対馬の天道山」の事例に議論を運ぶ。『稗官雑記』（永禄年間）や『海東諸国紀』（文明三年）によれば、中世には、対馬でアジールの風習が行われており、それは天道法師に結びつけられて伝説として伝わったものであるという（梅山玄常『天道法師縁記』）。その伝説によれば（アジールの風習は）文武天皇の大宝三年に始まり、天道法師の請によって勅許されたらしい。平泉はここに疑問をもつ。

「朝廷が明確にアジールを承認せられた事は、古来他に類例を

フェリーからみた対馬島

伝・天道法師の墓所（対馬）

見ない」。

平泉はこの疑問を解くため大正八年、実際に対馬へと赴き、フィールドワークを行なった。

予は此の問題を解決せんが為に、大正八年五月中旬、玄海の濤を越えて對馬に至り、仔細に豆酘の龍良山を観察した。龍良山は一に多氏良、又は多氏羅、立良などともかき、對馬の南端、豆酘と興良と西村の中間に聳えて居り、東を雄龍良、西を雌龍良といふ。而してアジールの研究に最も主要なる場所は、雌龍良山東南、淺藻村に向ふ麓に存する森林であつた。この森は古来八町角と傳えられてゐる。即ち八町四方の謂である。而してその中に一つの石壇がある。石壇は大小の平石を以て層々重畳し、基底は正面二十尺、側面十八尺、段数すべて七層、上るに従つて次第に狭く、最上層には凡そ三尺四面の平盤の石を載せてある。……予がこの森に入つてこの石壇の前に立つたのは、大正八年五月十三日の、最早暮近き頃であつた。古来曾て斧を入れぬ樫の密林は、鬱葱として殆んど天日を見ず、木は先年を経て自然に倒れ朽ち、落葉は地に堆くして深く足を没した。怪鳥の聲、幽渓の響、聞くものすべて物凄く、壇前に立つて四顧する時、鬼気の直ちに迫り来るを覚えた。（一〇三～一〇四頁）

筆者が、天道法師の八丁郭をはじめてみたのが平成二十一年三月七日であるから、実に平泉がここに到達してからちょうど九十年が経とうとする時期であった。八丁郭は山の奥にある鳥居をくぐり、さらに道なき山道を進んでいくと眼前にあらわれる。あちこちの大木は根本から倒れ、高くそびえ立つ木の裏側を見ることができる（写真）。「祈願成就」と真新しい文字が刻まれた三本の鳥居をくぐると、丸石を清楚に積み上げたピラミッド型の石壇に出会う。石壇は木々に囲まれており、向かって右側は崖になっており川が流れている。

八丁郭（木が根元から倒れている）

平泉はここで「森の中には古来人怖れて入ること無く、もし誤って森に入って石壇を見る時は直ちに草履を脱して之を頭上に戴き、壇に背を向けることなく後退して去る風習」などを知った。この辺りは「恐ろし所」（『津島紀事　巻十』）と呼ばれ、森の周囲に約一町

ヤクマ塔（対馬市峰町木坂）

を隔てて数個の石を積み、隔年に枝を折ってこの石にはさみ、境界の目標としている習慣が〝残存〟しており、平泉は、これは天道法師の墓所に対する尊敬と見るよりもむしろ古代のタブーとしてさらに古くて深い原因をもつものだと考えた。その理由としては、①禁忌の森林は一箇所に限ったことではないこと、②石壇はまさしく龍良の峯に向い、山岳の信仰と関係があるらしく、決して単なる墳墓ではないと考えられること、などを挙げている。史料としては「相傳寶野逃罪於此、神龜乙丑滅度云。」（『津島紀事十巻』）という文言に注目し、アジールの風習が天道法師よりも古いことを読み解いている（「寶野」というのは天道法師のこと）。

　そして平泉はこのことをさらに実証的に解明するために、地名の中に解決すべき鍵を求める。具体的には「卒土山半腹の上に在り」（『天道法師縁記』）、「卒土の内のしげ」（『酘豆郡寺社記』）、「卒土の濱」（『対州編年略』）にみられる「卒土」という語に注目する。この理解については、従来〝天道法師卒去の土地〟とされてきたが、しかし平泉はそれが旧記において「ソト」と仮名でふられていること、今も「ソト」と読んでいることから、〝天道法師卒去の地名起源説〟は成り立たないのではないかと仮定する。そしてこの「ソト」が単なる地名ではなく、普通名詞として用いられていることから、自然の地理、動植物の分布、風俗（風習）の類似性のある朝鮮半島の言葉に起源があるのではないかと考えた。そして『三国志魏志』『漢書東夷傳馬韓の条』『晋書東夷傳』などから、古代朝鮮における「ソト」がアジールとして用いられることを解明し、古代朝鮮の蘇塗《そと》の風習が対馬に伝わって、幾多のアジールを生じさせたのではないかと結論づけている。ここでは史料にもとづきながら、一般的に民俗学などで用いられる方法をも駆使していることが注目されよう。

平泉は対馬のアジールが本邦における宗教と国家とは直接結びつかないと理解し、「我国の歴史は更に別箇の出発点を求めなければならない」とする。そして、本邦古代の歴史においてアジールと認められるべきものが、神社も含めてきわめて少ないことに注目。「我国にあっては、草昧荒茫の太古はいざ知らず、歴史時代に入りてより後は、神話のうち既にアジールの痕跡なく、上代の社寺には入って身を安んじたる事例極めて乏しく」「上代の社寺にはアジールの権は認められなかったのである」という有名な結論を立てた。

筆者は平泉の論旨の中で一つだけどうしても気がかりな文章がある。それは中世の謡曲などにみられる人身売買に対し機能するアジールについて述べるとき、「(アジールはかくの如き不正が行はれ、悲劇が生ずる社会に於て発生し、その効用を発揮するものである)」と指摘している点である。

平泉は、決してアジールをマイナスのものとして捉えていたわけではなかったのではないだろうか。おそらく国家が正しいものとなれば、アジールは必要なくなる。そうなる前にはアジールがどうしても必要だった。そういう論旨でアジールを捉えていたのだろう。

第二章　アジールと網野善彦

第一節　『無縁・公界・楽』の時代

網野善彦は、戦後の歴史学（中世史学界だけではない）を語るには欠かすことができない存在である。いわゆる「網野史学」と称される彼の研究は、民俗学などの周辺分野の研究成果を積極的に引用し、非農業民や賎民等の下層民からその対極としての天皇制について考えようとするきわめて新鮮なものであった。(26)ただ、網野史学がこのような形として生成するのは少なくとも一九七〇年代以降の「社会史」の流行以後の話であり、それ以前の学界の主流な論争についてはここで確認しておく必要がある。

そのうえで注目したいのは、網野善彦と同世代の歴史家・安良城盛昭の業績である。よく「安良城旋風」と称される彼の学風は、封建制の成立年代を太閤検地まで一気に押し上げるものであり、日本の封建制＝西欧中世の方向へと研究史を大きく転換させた。これ以後は、日本≠西欧、すなわち日本の西欧とは異なる部分に注目する研究がブームとなっていった。永原慶二・戸田芳美・河音能平・黒田俊雄などによって繰り広げられた荘園制＝封建制論争もこの潮流の中で行われたものである。

この流れの中で、「西欧≠日本」の図式に対して警鐘を鳴らす研究が一九七〇年代に登場した[27]。それが石井進の「中世社会論」である[28]。この中で石井は「ただ最近のわが中世史学界での主潮が、もっぱら日本中世が西欧型でない所以を論ずる時、そこには「領主制説」的西欧中心像のみが前提とされているのではないか、と疑われないでもない。……ついでにいえば、ともに文明の辺境地帯に位置しており、後進的であったという点で日本中世と西欧中世に共通の地盤を見出すことも十分に可能なはずである」（三六一〜三六二頁）と言い、さらに平泉のアジール論について、「平泉が社寺を中心として中世社会の諸側面を描き、特にアジールの問題を重要視したことなど、今日においても再評価すべき視点といえよう」（同三二二頁）と述べた。

石井のこれらの視点については網野によって若干の批判がなされたが、基本的な構図として石井の問題関心と網野のそれとは全く同様であったと考えてまず間違いない。つまり石井も網野も日本≠西欧の研究の動向に対してこの時期、大きな疑問を抱えていた。それは阿部謹也の回顧録からも分かるが[29]、アジール論は戦後歴史学の動向に対する懐疑の中で生まれてきたものである点に注意する必要があろう。

ただ一方で石井は網野の無縁論に対しては厳しく批判している。批判の中心は網野の〝イエ〟＝無縁とする見方に対するものであった[30]。

網野の無縁論は「無所有」という概念に依拠し、その中に呪術的・共同体的な所有の前提を見出した点で非常に新鮮で、当時の日本中世史の認識からは距離をおくものであった。そもそも『無縁・公界・楽』が「エンガチョ」などの現代的な表象を「導入」として用いていることからも分かる通り、この書は歴史書としてはきわめて異色なものである。民俗学・人類学的な強い関心によって書かれていたことは明白であり、当時の経済史中心の歴史学の中では明らかに異彩なものであった（網野以前にも民俗学的な関心によって書かれた史書は多く存在するが、網野の「無縁論」は骨子（シェーマ）そのものが人類学的関心から書かれており、その点で希有なものである）[31]。そしてそれは、かつて平泉澄がアジールの前提として「禁忌」を導き出したのと非常に似た関心の持ちようでもあった（対馬でのフィールドワークなど）。またアジールを古代・中世・近世・近代という時代区分の中で発展段階的に捉えたことも両者の説は似ている。これは発展段階説を否定する意思があった網野の考えと矛盾するが、それについて以下でさらに詳しくみていきたい。

網野善彦の業績の集大成ともいえる『「日本」とは何か』の中には「いまや貢納制（アジア的、総体的奴隷制）、奴隷制、封建制、資本制、社会制（社会主義）という『世界史の諸段階』がまったく無効とはいえないとしても、もはやそのままでは通りえない」[32]という記述があることからも分かる通り、網野の歴史学は戦後歴史学への反省の中で行われてきた。

しかし、この発言によって網野がマルクス主義的な歴史観から抜け出したものだとは考えられない。それよりもむしろマルクスの考え方にもとづいて「無縁論」などの新しい議論を導き出したといったほうが正しいだろう。それについては後述するとして、まず網野がアジールに興味関心を抱く前のアジール論についてここで整理しておこう。というのも戦後のアジール論は何も網野より出発したのではないからである。彼自身も述べているが、阿部善雄や秀村選三などがすでにアジールについては触れていた[33]。だが、それらはいずれも現象の理解としてのアジールであり、その社会的な構造や機能までを分析したものではなかった。これに対し網野は、他の研究者よりもさらに「理論」を推し進め、「社会史的民衆史」ともいわれるような、明らかにグランドセオリーを見据えた視点でアジール論・無縁論を確立した。網野自身も『無縁』の原理に即して、いまのべてきたのは、『無所有』の深化・発展にかかわる『法則』といってよかろう。またこれまでの議論に関連させていえば、それは『共同体』の歴史に関わる『法則』ともいえるであろう」と自説を展開している。

この考え方は基本的にはマルクス主義の考え方と矛盾を生じないが、戦後歴史学が私的所有の進展の枠組みの中で考えられていたのに対して、そこから零れ落ちる人びとの生活に注目するという網野の研究視点は史学史の中で大きなパラダイムの転換となった。網野の無縁論は、とくに民俗学の視点をさらに歴史学へと導入させた研究や「家」のアジール性を意識した一連の研究を導くこととなったが、「無縁」の概念については多くの研究者が注目しているように大きな矛盾があり、しっかりとした定義を持ちえていない。むしろ「家」のアジールについては強い「有主」「有縁」の論理に結びついていることは否定できず、その点が「無縁」の中でアジールを捉えるときに大きな矛盾となってあらわれている。(34)

また網野の研究を積極的に進めていくものとして笹本正治の研究などが挙げられる。笹本は『中世的世界から近世的世界へ』という論文集の中で「山林のアジール性」「辻のアジール」などについて説明している。これはいわゆる「山小屋」論争として井原今朝男や藤木久志らの批判を受けることになるが、(35)このような論戦の中でアジールの概念がかなり拡張されて捉えられるようになっていったと考えられる。辻や山林そのものに聖地性があり、それがアジールという現象をもたらすという論理にはいちおう納得できるが、「山林」や「辻」の多様性、すなわち具体的にどの領域にどんな形でアジールが発生するのかという地理的・社会的な要因に対する分析がなくてはあまりに抽象的な議論となってしまうだろう。アジールが全ての「山林」に生じていたとは考えられないし、「辻」が「アジール」的な性格をもつ理由も「無縁」ではなく、人がたくさん集まる「有縁」だからではないか。

またアジールについていえば、中世の民衆像を扱う論旨の中にもそれが積極的に取り込まれている。佐藤和彦は、逃散における「山林に交わる」という言葉に着目し、「山林→聖なる場所→平和の場（アジール）という意味があり、『山林』に交わっているかぎり、権力の弾圧を回避しえたのではなかろうか」と述べている(36)。また神田千里もアジールを「なんらかの不法行為を理由とした制裁や敵対関係による攻撃が行われようとしたとき、追及を受ける者がそこに避難して保護され、赦免・助命が可能になるような場所」として捉え、近世の「入寺慣行」まで射程においた定義を行なっている(37)。また、喧嘩両成敗に注目する清水克行も「イエ」との関連から明快に中世京都におけるアジールの慣行を指摘している(38)。

このようにアジールは実に多様に用いられているが、最近の動向ではアジールの概念があいまいとなり、かつて網野が指摘したような人類史的な枠組みも逆に薄められてしまっているような気がしてならない。網野は少なくとも『無縁・公界・楽』の中ではアジールを無縁の一部だとしか考えていなかったが、後の研究ではそれが大きく拡張されてしまい、無縁とアジールの関係（言い換えれば、アジールの発生する原因）が不明瞭になっているように思うのだ。

さて、『無縁・公界・楽』が学界に与えた影響について検討してきたが、ここで網野の無縁論とはそもそも何だったのか、その内実についてさらに検討してみたい。網野は『無縁・公界・楽』においてアジールの概念をさらに広げ、無縁論を構築し、幅広い事象の分析を行なった。ここで少し無縁論そのものについて検討しておきたい。

網野は同書の中で「無縁」について「『無縁』の原理は、未開、文明を問わず、世界の諸民族のすべてに共通して存在し、作用しつづけてきた、と私は考える。その意味で、これは人間の本質に深く関連しており、この原理そのものの現象形態、作用の仕方の変遷を辿ることによって、これまでいわれてきた『世界史の基本法則』とは、異なる次元で、人類史・世界史の基本法則をとらえることが可能である」と説明する。これはきわめて平泉の問題関心に近いが、網野の場合はそれをアジールという狭い現象にとどめず、「無縁」という概念を用いたことにその大きな特徴がある。(39) 網野はアジールを次のような段階に分けた。

第一段階のアジール＝「聖なる呪術的アジール」＝（古代～中世前期）

第二段階のアジール＝「実利的なアジール」（室町～戦国期に完成）

第三段階のアジール＝「「終末」の段階の開始」

筆者はこの網野の段階論は、大きな矛盾を孕んでいたように思う。すなわち網野は一方で「無縁」という超歴史的な概念を提起しておきながら、具体的な現象であるアジールについては発展段階的に捉えようとする。筆者は、アジールの概念は時代や社会の状況にあわせて可変的であり、段階論的には捉えきれない問題も多いと考える。

繰り返すがそもそも網野の無縁論は「無所有論」と密接な関係にあり、「人間は所有する動物である」という根本的な命題に対し、「人間がその長い歴史の中で、自然を自ら対立するものとだけ見てきたわけでは決してない」(『[増補]無縁・公界・楽』補注二九)という考えに立って提起された。網野がこの考えに立っているとすれば、イエ＝無所有＝無縁ということも立証されうると考えられる。しかし、だからといってそれがアジールの根拠となりえたかどうかは微妙な問題である。はたして「山林のアジール」と「都市のアジール」、「イエのアジール」を全く同質なものと捉えてよいのだろうか。いずれにせよ無縁論には大きな矛盾が隠されているように思う。そしてその矛盾が生じる大きな原因には日本中世と西洋中世を同質とみる見方が幾分か反映されていたような気がしてならない。阿部謹也は網野について次のように語っている。(40)

しかしこのころから私と網野さんの間で歴史の解釈の問題をめぐって考えが違ってきていた。一例を挙げれば私はヨーロッパ史と日本史の違いを強く意識していたが、網野さんはヨーロッパ史と日本史との共通性を見ようとしておられた。

第二節　世界の中で日本はどの位置にあるのか？

日本は東洋的なのか、それとも西洋的なのかという問いが戦後も繰り返し考えられてきた。日本の近代化の前提とすべきものとして西洋の封建制が日本の中世にもみられるかどうかという論争、さらにはその成立の画期をめぐって多くの論戦が繰り広げられてきた。

『『西欧的』か『アジア的』か」という疑問も永原慶二がすでに『日本の中世社会』の中で「その（中世後期に律令体制が生命を失う）点では日本は非中国的といってよく、あるいは言葉のおきかえとして非『アジア的』といっても差支ないであろう。だがそのことがただちに『西欧的』であるというわけではない」と答えている。

このような視点は西洋史家にもあったらしく増田四郎も「日本でヨーロッパのことを研究するというのは、実はそのまま日本の現代を理解することと、不可分に結びついている。これはだれでもが認めなければならない厳然たる事実である」（『ヨーロッパとは何か』）と提言している。

永原と増田はともに日本の封建制には国際性＝超国家性がない点をヨーロッパの封建制との差異に求めているが、両者の根ざしていた関心に共通性がみられることは実に興味深い。

戦後の歴史家にとって日本の近代化（明治維新）をどのように理解するかが実は最大の問題であり、その点で西洋にその答えを求めた日本の西洋史家と日本の中世や近世にそれを求めた日本史家の目的には共通性がみられたのである。ちなみに増田はヨーロッパの中世的な特徴として「修道院の集団生活」を重視しており、東洋（日本）との比較についても「これらの修道院の大部分は、東洋にみられるように単に冥想にふけるための逃避場なのではなく、神の前においては、すべてのものは平等であり、兄弟であるという原則の上に立って、みずから信仰と労働の合理的生活を営む農地経営の集団であった」（同前書）と述べているが、この指摘は非常に重要なことを示唆していると筆者は思う。日本のアジールと西欧のアジールの相違もまさにこの点に関わるものであった。

以上述べてきたようにアジールの研究は、日本≠西欧の反証としての日本＝西欧の一事例として取り上げられることが多く、アジール研究が戦後においてあまり積極的に議論されなかった大きな原因はそこにもある。戦前の平泉のアジール論でいえば、彼自身が日本≠西欧（日本の「国体」を前面に出し、西欧よりも優れているとする意味で）に流れ、その文脈上で後醍醐天皇を礼賛する平泉皇国史観を確立したこともあり、学界には根づかなかった。また戦後においても勝俣鎮夫などが網野に先立ちアジールについて分析をし、宗教学の分野でも竹中信常がアジールを「タブーの論理」の中で取り上げたりした(41)。アジールについて今日のように中世史の中でも取り上げられるようになってきたのはやはり網野の業績に由来すると考えるべきであり、その網野の関心の基軸は日本社会とヨーロッパ社会は本当にそこまで違うのか、という疑問の上に成り立っていた。

しかし、今日までの研究においてはそもそも「アジールとは何か」という問いが巧妙にかわされ、あいまいなまま学界に定着されてしまったような気がしてならない。筆者はすでにアジールを「犯罪者がひとたびその中に入り込むと、それ以上その罪を責めることができなくなる空間」と定義した(第一部第一章)。しかし第二部第四章でみたように、近代社会の中ではもうこの概念ではこの問題を捉えきることができない。よって広く、「人びとがそこに入れば助けられると思っている空間であり、なおかつそれが社会的に承認されていること」として再定義したい。この定義の中で重要なのはそれが社会的に承認されていることである。その意味でアジールは保護空間に近い。つまり、これまでの研究では〝山〟に対する一連の民俗学的な成果に過剰に反応し、物理的に探すことが不可能に近い山林に逃げ込むこともアジールのように考えられていたが、アジールは単なる逃げ場ではない。そこに入れば保護される（あるいは立ち入れない）ことが前提になっていなければそれはアジールだとはいえないだろう。アジールの大きな特徴は、地理的・物理的な隠れ家としてではなくて、その地に踏み入ればもはや罪を問うことができないということが社会的に認識されていることにある。(42)

アジールという概念は、それが〝概念〟である以上、日本と西欧の共通性を見出すメルクマールとしては機能しにくい。しかし、アジールが日本社会の中でどのような機能を果たしていたのかについて考察していくことは決して無意味ではない。筆者はアジールについてはむしろ西欧≠日本の図式の上での検討が求められているような気がしてならない。すなわち先に増田や丸山が述べていた通り、アジールは日本社会の中で独特《オリジナル》な機能を果たしていたからである。とくにそれはすでに先述した出家遁世ということに顕著に現れてくる。つまり西欧でいう修道院が積極的に政治的活動《ボランティア》をしたのに対し、日本では政治的な引退の場としての出家遁世あるいは修行などの「山林に交わる」行為、すなわち「無縁」としての場が用意されていたにすぎないことに注目しなくてはならない。そもそも「無縁所」という言葉も俗世間から離れた所、すなわち修行場としての意味が付与されたものであり、その意味で古代・中世寺社の果たした社会機能の一つとしてあらためて出家遁世に注目することが必要であろう。

「無縁」の原理はあまりにも広い概念であり、それによって日本のアジールの西欧との本質的な差異を見極めることはかなり難しい。よって筆者は先に定義した「アジール」という概念で日本社会の現象を分析していく必要があると思い、すでに本書でその一部を論じた。とくに出家遁世にそれを求めた大きな理由は、「無縁」の概念が日本人の異界観にもとづくところが大きいように思われるからである。アジールの根底にはその場所を〝異界〟と考える「共同幻想」が存在していた。それはヨーロッパ教会のアジールが寺院の積極的な社会活動として行われたのとは本質的に異なるものだと筆者は考える。もちろん、日本にも明恵上人の事例や近世の駆込寺の事例から分かる通り、慈悲にもとづく保護という点でアジールが発生したが、古代・中世の遁世者の中にすでに〝無縁＝自由〟という観念が存在していたことはとても興味深い。この点を理解してはじめて網野の無縁論はさらなる深みをもって現れるだろう。

第三章　アジールと阿部謹也

第一節　阿部謹也の歴史学の根底——日本とヨーロッパの違いはどこから来るのか——

ドイツ史の専門家であり七〇年代後半のいわゆる社会史の流行に中心的な役割を果たした阿部謹也も、アジールを基軸に歴史叙述を試みた歴史家であるが、網野善彦の関心と共通項をもちながら、一方で全く正反対の見方をもっていた彼が、なぜ網野と同じくアジールに注目したのだろうか。

阿部謹也の歴史研究の出発点が、師である上原専禄の「それをやらなければ生きてゆけないというテーマを探すのですね」という言葉にもとづいていることは、自伝的書物の中でくりかえし明らかにされている。阿部は自身の研究テーマを決める際の事情を次のように述懐する。

先生は長い時間待たせたことを詫び、二人で話しだしました。ところが先生は私がローマ史をやりたいといえば、「それは結構ですね」という具合で、特に反対もせず、かといってそれをやれともおっしゃってくださらないのです。いろいろ話をしているうちに先生はふと次のようにいわれたのです、「どんな問題をやるにせよ、それをやらなければ生きてゆけないというテーマを探すのですね」。

　そのことばを聞いて、私はもうほかの質問はできなくなり、そのまま家に帰って白紙の状態でふたたび考えることにしました。(43)

阿部は上原専禄の追悼文において「生涯に一人ともいうべきかけがえのない師」と述べており、(44)彼の歴史観の根底には上原史学の強い影響があったように思われる。よって、まずは上原専禄という歴史家について考察することにより阿部史学の本質に近づいていきたい。

上原専禄は、戦前・戦後を代表する西洋史家で、東京商科大学（現在の一橋大学）の教授・学長を歴任した人物であり、とくに六十年安保闘争の際に、清水幾太郎・家永三郎らとともに学者・文化人グループの主要なメンバーとして活躍したことでよく知られている。晩年は京都で隠遁生活を送り、その消息を誰にも教えなかったという。上原の死は、その三年八ヶ月後の『朝日新聞』一九七九年六月十六日付夕刊で取り上げられるまで、ほとんど知られていなかった。その時の『朝日新聞』の記事の見出しは「他界していた上原専禄さん」だった。

阿部が上原に初めて会ったのは大学二年の時であるから、ちょうど上原の『世界史像の新形成』（創文社、一九五五年）という書物が公にされた頃であった。この頃の上原は「現代」という時代状況、「民族の自覚」に対する強い関心をもっており、(45)「現代」（太平洋戦争以後、具体的には一九五二年五月五日の講演における言葉）において必要とされる研究課題を次のように設定している。

　……第一に太平洋戦争以後における日本民族生活の主体的状況――それ自体は日本が世界の中におかれている客観的境位と密接にからみ合っているのであるが――を明かにするために、太平洋戦争以前における日本民族生活の全発展と全性格についての再吟味を中核とする、日本史研究があげられるだろう。そのさい、方法としては日本史の発展を孤立的に取扱って来た従来の仕方をこえて、他の諸民族における歴史的展開の動態との比較、やはり他の諸民族における社会と文化の特質との対比、そして何より常に世界史的視野における観察、そのような方法が要望せられるであろう。……狭義の研究課題の第二としては、日本史の外側に立つものとしてではなく、日本民族の発展をそのうちに含むものとしての人類史の総展開について究明する世界史的研究があげられるであろう。(46)

要するに上原は「世界史像の自主的形成」を歴史家や学者だけではなく「今の日本人」「一般の国民」に強く求めたのであり、その背景には敗戦の記憶がまだ新しい一九五〇年代という時代状況があった。また上原がこのような関心をもったもう一つの背景には「アジアの時代」といわれた五〇年代のまたもう一つ別の空気があったことも確認しておく必要があろう。アジア・アフリカにおける植民地解放の動きが急速に進みつつある現状に対して、上原は新たな「世界史像」としてヨーロッパ世界、アメリカ世界、イスラム世界、アジア・アフリカ世界の四つの世界を想定する。

この点については永原慶二が「福沢諭吉以来、『文明』はすなわちヨーロッパ的価値としつづけてきた日本に対し、中国・インド・イスラム世界をはじめとする地球上の諸地域・文明のもつ意味を問い直させようとした」ものとして上原の歴史観を整理されている。(47)しかし、上原の歴史観の中にそれ以前に培われてきたヨーロッパ史に対する見方と、日本史に対する問いが常に存在していたことを見逃してはならないだろう。上原の提起する「新しい世界史像」は、あくまで「第二次世界大戦後の現代世界の問題情況と、それとからみ合った日本の歴史的境位を解明したいという実際的要求に対応し、それから出発して世界史像の新造形を意欲する立場」であった。[46] つまり上原は当時主流であった発展段階論にもとづく社会構成体史とは距離を置き、近年の言葉でいえばグローバルな視点に注目したのである。このような考え方が、当時上原の門下であった阿部謹也にも少なからず影響を与えたことは間違いなかろう。

後に阿部は上原専禄の研究の歩みを、戦前・戦中にかけてのドイツ中世史研究（第一期）、戦後の「行動の生活」のなかでの世界史研究（第二期）、一九六九年以降における「回向の生活」（第三期）に分け、第二期を「世界史認識を行動の次元において生かそうとされた」時期と捉えたが、[43] 阿部と上原との出会いはこの第二期に位置していた。やはり阿部謹也の後の社会史的な研究関心の背景にはこのような上原の歴史観の強い影響が覗える。また「歴史観」について、上原が「歴史学は、まえにいったように、ある限られたしかたで、人間生活の動き、そのなげきやよろこびについて、ある限られた理解や評価に到達できただけのことで、人間生活の動きの全体は、まだまだ歴史学の手にとどかぬ高いところに位置していて、歴史学の無力さを、あわれみの眼で見下しているようにみえる。そのことを百もこころえながら、なおかつ、人間生活の動きの全体、そのなげきやよろこびの最深部にたちいたろう、と努力するものが、歴史学に他ならないのである」[48] と述べていたことも、阿部史学と

一橋大学兼松講堂（国立市）

の共通項とみることができるであろう。

この文章は一九五七年一月二十日に書かれたものであり、当時世間を騒がせた「昭和史論争」の渦中にあっての発言であるが、上原の歴史研究に対する立場を明瞭に示しているものだと考えられる。「昭和史論争」は一九五五年に刊行された『昭和史』[49]に対して、文学者の亀井勝一郎が「人間不在」という発言をし、[50]歴史学者の垣根を越えた大論争になったものであるが、この中で上原は明確に「人間生活の動き、そのなげきやよろこび」を叙述することの大切さを論じている。そして本章の第二節で詳しくみる通り、この歴史観・学問に対する考え方は、はっきりと阿部謹也の中にも見出されるものであった。

以上、阿部謹也の師である上原専禄の歴史観・歴史研究をめぐる姿勢をみることで、阿部謹也が研究生活の最初の大学在学中にどのようなことを学んだのかといった点について考えてきたが、一方で阿部の個人的な人生経験も、彼の問題関心の根底を支えることになった。阿部は戦後まもない頃、カトリック修道院の寮で暮らしながら普通の中学校へと通うという二重の生活を送っている。それはまさに、彼の言葉でいえば「日常の生活が二つの異なった世界に分かれていた」状態であった。阿部は後にこの頃の生活を「修道院の生活は短い期間でしたが、私にはひじょうに重大な体験でした。そこで私ははじめて西欧文化にふれ、キリスト教に接し、その中心となる修道院の内部でも暮らし、そこでの生活と外の生活との違いを感覚の次元でうけとめていたからです。私は背負いきれないような課題を背負ったまま、しかし解放されたという自由な気分で、修道院を出て東京にもどったのです[51]」と回想している。

このときの経験が後の彼の歴史観を支えることになった。このような思いを持ち続けていた阿部は、一九六六年（三十三歳）のときドイツ留学した際、日本とヨーロッパの歴史の違いの根本を発見する。

日常生活のなかでドイツ人と付き合っているうちに、日本とヨーロッパの歴史の違いの根源には、人間と人間の関係の結び方の違いがあるらしいということが解ってきたのです。

これまでは、生産力と生産関係の問題や、キリスト教の理念の問題、ギリシア・ローマの古代の哲学やヘブライズムなどのいろいろな答が出されていますが、それらを含めたもっとも根底的なところで、人間と人間の関係の結び方の違いが、日本とヨーロッパの違いの根底にあるのではないかと気付きはじめていたのです(52)。

すなわち阿部謹也の歴史観は、①日本とヨーロッパは何が違うのかといった問いと、②人と人との関係の結び方の違いに対する追究、という二つの視点の上に築かれたものと理解できるだろう。そして、このような考え方には、先述したような上原専禄（さらにその師の三浦新七も）からの連綿とした歴史観の潮流を読み取ることができる。

阿部に影響を与えた西洋史家としてもう一人忘れてはならないのが、増田四郎の存在である(53)。増田は、一橋大学における阿部の修論・博論の審査官であり、あまりはっきりとは述べられていないが、阿部史学に何らかの影響を与えたと考えられる歴史家の一人だ。

増田は『ヨーロッパとは何か』『歴史学概論』『ヨーロッパ中世の社会史』などさまざまな一般向けの書を世に送り出し、この点で阿部謹也との共通性がみられる。すなわち学問の一般への普及を重視した点に阿部と増田は共通していた（これは上原も重要視していた）。

また増田も日本と西洋の異質性に着目した歴史家であり、代表作『都市』の中で「およそ歴史を研究するときには、史実の語るところを実証的に分析して、それを再構成すべきであるということはいうまでもないが、個別的に見て、ほとんど史実というものは際限なく無数であって、どのようにこれを再構成し、どのようにこれを理解するかということは、結局は歴史を研究するわたくしたち自身が、どのような問題を緊要にして切実な問題と感じているかということによって決定すると思う。つまり、われわれ自身が現代的な関心に照らして問題を抱かない限り、史実そのものは無数で、史料というものは単に血も肉もない索漠とした古文書や遺物の集積にすぎないということになるであろう。……それで、特に西洋史を勉強しているわたくしどもにとっては、西洋と東洋、特に日本の社会との相違がどこにあるか、それが日常頭にこびりついた問題になるわけである」(54)と記している。

増田は『都市』以降に出版された書物の中でも、西洋と日本社会の相違を強調しているが、この考え方は阿部謹也にも共通してみられたことは先述した通りである。

第二節　「世間」とアジール

阿部史学の中で一般に最もよく知られ、重要なキーワードとなるのが「世間」という言葉であることは、多くの人びとの納得するところであろう。阿部は著書『「世間」とは何か』の中で「世間」を「個人個人を結ぶ関係の環であり、会則や定款はないが、個人個人を強固な絆で結び付け」、しかも「個人が自分からすすんで世間をつくるわけではない」ものと捉え、歴史的に「日本の個人は世間との抜きさしならない関係の中でしか自己を表現しえなかった」点を強調する。(55)ただし阿部のこの著書については、公刊された当初、学界においては反響が今ひとつであったようで、阿部は「予期したとおり、学者諸先生からの反応はなかった」などと後に述べている。(56)

阿部は『「世間」とは何か』を執筆してから二十年、多くの著書・論文・講演などで「世間」について繰り返し語っているが、そこまで彼の関心を集中させた「世間」とは一体何だったのだろうか。ここではアジールとの関連から考えてみたい。阿部は「ドイツ中世後期におけるアジール」という論文の冒頭を次のように飾っている。

人間と人間の関係が変化してゆくそのあり方を探ることを社会史研究の目標と定めたとき、中世にはひときわ目立つ現象がある。それがアジール（避難所、フライウング、平和領域）である。いうまでもなくアジールは現在では政治亡命者や外交官、野戦病院、赤十字などをめぐって細々と生きながらえているにすぎないが、古代から中・近世にかけて人と人との関係のなかで大きな役割を果たした制度であった。……近代における国家と社会の関係の歪みがようやく明らかになってきた反面、われわれは近代国家・社会の立場から中世的混乱・無秩序とみてきた状況のなかに中世固有の秩序があったことをあらためて確認しなければならないからである。その秩序とは一体どのようなものであったのか。われわれはその一端をアジール・フライウングの制度にみることができる。(57)

まさにアジールに注目する阿部の研究姿勢の背後にも、前述したような「人と人との絆」の結び方の違いに対する関心があったことがここから分かるだろう。では、具体的にどのような点で、アジールと「人間と人間の関係」が連関するのだろうか。阿部のアジール論の特徴は、それを「大宇宙」と「小宇宙」という二つのキーワードをもって説明するところにある。つまり、現代を生きる我々はひとつの宇宙に生活しているわけだが、古代・中世の人びとはふたつの宇宙の中で暮らしていたという。「小宇宙」は、一般的には家であるが、人体をも指し、反対に火や土や水など自然・神秘的なものは「大宇宙」の産物であるとして恐れられた。それ故に「大宇宙」の神秘の力を秘めた聖なる場所（モノ）などはアジールとしての機能を有するに至った。そしてそれは「古代、中世の人びとの人間関係のなかでは、とても重要な役割を果たしていた」と指摘している。

阿部は、第一節でみてきた上原専禄や増田四郎と同様に、「現代的な関心」から歴史をみるという姿勢を一貫してもっており、それはアジールを論じるときにも強く表れてくる。それは先に引用した箇所からも知られるが、「アジールと現代社会」と題する論稿の中で明快に次のように述べている。

現在では治外法権や赤十字など以外にはアジールは日本では認められていない。それにも拘らず新聞紙上で駆け込み所を求める声が頻々と起っている。これは現代の日本の政治・法制度と民衆の日常生活の深奥にある悩みとがほとんど触れあわない部分が増大してきたことを示しているのではないだろうか。(58)

またアジールについて多くの記述を割いた『物語 ドイツの歴史』の中でも、「学者たちは日本の歴史の中にもアジールの存在を確かめ、中世のアジールや江戸時代のアジールについての研究が盛んである。しかし現在のアジールについて発言する中世史研究者は一人もいない。ドイツではアジール法は改訂されたが、その精神は健在であった」[59]と記しており、阿部が、まさに現代に向けてアジールを語ろうとしていたことが分かるだろう。「世間」と「アジール」が阿部史学の中でどう位置づくのか、実際のところはっきりとした指摘がないために推察するしかないが、結局のところ私たちは『世間』以外に生きる場はない」。この中で大切なのは個人の優位性の確認、すなわち「自己の変革」をしていくこと。その際に、重要となるのが「世間」に対する「避難所」（アジール）の存在である、と阿部は主張したかったのではないだろうか。遺著『近代化と世間』は、次のように締めくくられている。

最後に結論らしきものを掲げれば次のようになろう。

欧米の自然諸科学の現状を仏教の視点から見直すこと。さらに、わが国の現状を個人の優位の下で整序すること。

註

（1）網野善彦『無縁・公界・楽』（平凡社、一九六七年）。「アジールなるものは、専断苛酷の刑罰、又は違法の暴力の跋扈する乱世に於てのみ存在の意義を有する所の、一種変態の風習なるが故に確固たる政府ありて、正当なる保護と刑罰とを当局の手に掌握する時には、アジールは存在の意義を有せず」（『社寺と社会』）という発言に対し、網野は「国家至上主義」だと指摘する。だが、啓蒙思想家のベッカリーアなどが「あらゆる民族の歴史の中に、このようにして庇護権が人類の国家と思想の大革命の原因となったことが証明されている」というように、平泉の研究も西欧の研究成果にもとづいていたと判断した方が適切であろう（ベッカリーア／風早八十二訳『犯罪と刑罰』岩波文庫、一九三八年)。

(2) 今谷明「平泉澄の変説について」(『横浜市立大学論叢 人文科学系列』一四〇、一九八九年)。

(3) 平泉澄『建武中興の本義』(至文堂、一九三四年)など。

(4) 平泉澄『闇斎先生と日本精神』(至文堂、一九三二年)など。なお、本郷和人は戦後歴史学が皇国史観とともに人物史をも否定してきたことを反省し、あらためて人物史の重要性を強調している(『人物を読む日本中世史』講談社、二〇〇六年)。

(5) 平泉澄『我が歴史観』(至文堂、一九二六年)。

(6) しかし、平泉はランプレヒトなどの歴史学の影響も強く受けていた(拙稿「平泉澄と網野善彦」阿部猛・田村貞雄『明治期日本の光と影』同成社、二〇〇八年参照)。

(7) 平泉「クロオチエ『歴史叙述の理論及歴史』の邦訳を得て」(『史学雑誌』三七―一二、一九二六年)

(8) 植村和秀は「平泉を、歴史神学者として規定したいと思う。……平泉は歴史を叙述し、歴史を信仰するだけでなく、歴史を神学化しようとした、と考えるからである」と論じている(『丸山真男と平泉澄』柏書房、二〇〇四年)。

(9) 松尾章一「教科書検定をささえる歴史観―戦前・戦後の「平泉史学」―」(歴史学研究会編『現代歴史学と教科書裁判』青木書店、一九七三年)、松本健一「教科書問題にみる〝皇国史観〟の構造」(『エコノミスト』八―三一、一九八二年)など。

(10) ただし、本書では「標題の人物を主題としながら、実はその前後左右の時代に視野を広げて、政治・社会・思想・宗教・人物等、およそ歴史の上で注目すべき要素が、ほとんど漏れなく言及されている」ことに注意しなくてはならない(田中卓「『少年日本史』/付 英訳」『平泉澄博士全著作紹介』勉誠出版、二〇〇四年)。

(11) 近年、ル＝ゴフは次のような指摘をしている。「西洋を離れれば「中世」と言うためには(六世紀から十五世紀というような）年代を語るだけでは不十分だからです。中世アラビア、中世インド、中世日本というような概念は必ずしも適切であるとは限りません。どのような時代区分に則して、イスラムの、インドの、日本の「中世」というのでしょうか。そこには西洋的観点の度を越した拡張があるのです。」（池田健二・菅沼潤『中世とは何か』藤原書店、二〇〇五年）

（12）福田徳三『日本経済史論』（宝文館、一九〇〇年）。福田は日本の〝封建時代〟を九三二～一六〇二年までとし、今日の中世をその「封建時代」であったと規定した（今谷明「三浦周行」『二〇世紀の歴史家たち（1）』（刀水書房、一九九七年）。

（13）中田薫「王朝時代の庄園に関する研究」（『国家学会雑誌』一九〇六年）、同「知行論」『庄園の研究』所収（彰考書院、一九四八年）など。日本の法制史の諸現象を西欧法制史学の諸概念にもとづき分析する。

（14）中村直勝『南朝の研究』（星野書店、一九二七年）など。十四世紀を米経済から貨幣経済、または神仏の世界から人間の世界への転換期だと指摘する。

（15）若井敏明は平泉が中世を結局のところ武士の時代だとみている（中世の始まりを保元の乱に設定するなど）のに、中世の「闇黒の世界」を克服する存在として「武士」を挙げているのは矛盾であると指摘する（『平泉澄』ミネルヴァ書房、二〇〇六年）。

（16）大久保利謙「私の近代史研究」（『日本歴史』四〇三号、一九八一年）。

（17）林健太郎「国史学界の今昔（三六）国史学界傍観」（『日本歴史』五五九号、一九九四年）。

（18）北山茂夫「日本近代史学の発展」（『岩波講座日本歴史24別巻1』岩波書店、一九七五年）。

（19）村田正志「南北朝時代史の研究と懐旧談　下」（『日本歴史』五七三号、一九九六年）。

（20）井上光貞『わたくしの古代史学』（文芸出版、一九八二年）。

(21) 永原慶二「戦争と超国家主義歴史観」『20世紀日本の歴史学』(吉川弘文館、二〇〇三年)。
(22) 細川亀市『日本寺院経済史論』(啓明社、一九三〇年)。
(23) 田中久夫「戦国時代に於ける科人及び下人の社寺への走入り」(『歴史地理』七六—二、一九四〇年)。
(24) 平田俊春『平安時代の研究』(三一書房、一九四三年)
(25) 平泉の弟子たちのエピソードにおいてアジール論に注目する見方が出てくるのは、網野『無縁・公界・楽』の刊行(一九七八)以後であることが多い。特にそれ以前に『社寺と社会』を取り上げた北山の分析(本文)では、「経済生活」に着目されている。
(26) 網野自身は自らの学説が「社会史」だとは考えていなかったようだが、とくに阿部謹也らの活躍が当時の日本史学に与えた影響は大きく、民俗学や人類学の隆盛とも伴い「社会史」のブームが一九七〇年代に到来した。
(27) 一九七〇年代になって「社会史」が流行し、発展段階説が再検討されるようになった背景には、民俗学などの周辺分野の研究の隆盛など　がある。(拙稿「戦後アジールの再発見」『日本社会史研究』六六号、二〇〇六年参照)
(28) 石井進「中世社会論」(岩波講座　日本歴史8　中世4』岩波書店、一九七六年)。
(29) 阿部謹也「網野善彦さんを想う」(『「世間」への旅』筑摩書房、二〇〇五年)。
(30) 阿部謹也・網野善彦・石井進・樺山紘一『中世の風景(下)』(中公新書、一九八一年)。
(31) 「特集　網野善彦と日本史学の現在」(『大航海』六五号、二〇〇八年)所収諸論文。
(32) 網野善彦『「日本」とは何か』(講談社、二〇〇〇年)。
(33) 阿部善雄『駈込み農民史』(至文堂、一九六五年)、秀村選三『幕末期薩摩藩の農業と社会』(創文社、二〇〇四年)、岩崎武夫『続さんせう大夫考』(平凡社、一九七八年)など。
(34) 伊藤喜良は「アジールとしての「家」をみるならば、それは公権力をも排除する強い排他的な私的所有権との関連も考慮せざるをえない。……アジール＝「無縁」＝無所有の定式は成立せず、アジールと「無縁」とは相対立する概念である」（「南北朝動乱期の社会と思想」『講座日本歴史4中世2』東京大学出版会、一九八五年）と述べている。

（35）市村高男「戦国城郭の形態と役割をめぐって」『争点日本の歴史4』（新人物往来社、一九九一年）に詳しく研究史が整理されている。

（36）佐藤和彦『日本中世の内乱と民衆運動』（校倉書房、一九九六年）。

（37）神田千里『戦国乱世を生きる力』（中央公論新社、二〇〇二年）。

（38）清水克行『喧嘩両成敗の誕生』（講談社、二〇〇六年）。この他、鈴木国弘「中世アジールの諸相」（『研究紀要』七〇号、二〇〇五年）など。

（39）平泉は、日本においても「鬼ごっこの遊戯における宿もしくは場にそれが残っている」とし、「これを人類発達の或る段階に於て、一般に経験する所の風習又は制度」であり「世界各国と比較考量することは、必要として意義深いこと」と述べる。一方、網野は「アジール（避難所）は、「無縁」の原理の一つの現われ方にすぎない」と述べ、「無縁」の原理こそが「人類史の法則」をつかみうるとしている（『無縁・公界・楽』）。

（40）阿部謹也「実正研究と夢の実現と」（赤坂憲雄編『追悼記録　網野善彦』洋泉社、二〇〇六年）。

（41）勝俣鎮夫「中世武家密懐法の展開」（『史学雑誌』八一号、一九七二年）。竹中信常『タブーの研究』（山喜房仏書林、一九七七年）は、平泉澄の研究を踏まえながら、「アジールの発生が宗教的観念」（神霊の観念）にあることを論じた異色の論文。アジールよりも更に広汎な概念である「タブーの場」を主張し、アジール発生の前段階における先行観念と想定する。

（42）民俗学の中で山の民俗を扱う研究は柳田國男以来、きわめて多く行われているが、近年は歴史学の方でも山村の生活を対象とする研究が増えてきている（白水智『知られざる日本』日本放送出版協会、二〇〇五年など）。

(43) 阿部謹也「私にとってのヨーロッパ」『自分のなかに歴史をよむ』筑摩書房、一九八八年（後に『阿部謹也著作集第九巻』筑摩書房、二〇〇〇年に所収）。

(44) 阿部謹也「上原専禄先生を想う」『阿部謹也著作集　第九巻』筑摩書房、二〇〇〇年（初出一九七九年）。

(45) 上原は自身の研究を、読書を基準に大きく四つの時期に区分している（「クレタの壺」『上原専禄著作集17』評論社、一九九三年）。

(46) 上原専禄「現代における歴史学の課題」『歴史学研究一九五二年年報』（後に『上原専禄著作集7』評論社、一九九二年所収）。

(47) 永原慶二『二〇世紀日本の歴史学』（吉川弘文館、二〇〇三年）。

(48) 上原専禄「歴史学の伝統と創造」（『上原専禄著作集3』評論社、一九五七年）。

(49) 遠山茂樹・藤原彰・今井清一『昭和史』（岩波新書、一九五五年）。

(50) 亀井勝一郎『現代史の課題』（岩波書店、二〇〇五年）。

(51) 阿部謹也「はじめてふれた西欧文化」『自分のなかに歴史をよむ』。

(52) 阿部謹也「笛吹き男との出会い」『自分のなかに歴史をよむ』。

(53) 阿部は、増田がしばしば口にしていた「自分は素人であります」という言葉に着目し、「自分を素人であると規定するところで日本の社会に対してなんらグループをつくることなく、いわゆる世間に与せず、自分の思うところを研究し、発表することができた」とし、だからこそ増田にとって「都市と市民意識の問題は単なる研究テーマ以上のものであり、自分の存在をかけた問なのであった」と指摘している（阿部謹也「解説 増田史学の根底にあるもの」増田四郎『都市』筑摩書房、一九九四年参照）。阿部の世間論の前提には、増田の都市・市民意識をめぐる理解が存在していたのではないだろうか。

(54) 増田四郎『都市』（筑摩書房、一九五二年）序文。

(55) 阿部謹也『「世間」とは何か』（講談社、一九九五年）。

(56) 阿部謹也『教養とは何か』（講談社、一九九七年）。

(57) 阿部謹也「ドイツ中世後期におけるアジール」（『ヨーロッパ―経済・社会・文化―』創文社、一九七九年）。

(58) 阿部謹也「アジールと現代社会」『阿部謹也著作集　第二巻』筑摩書房、一九九九年（初出一九八二年）。

(59) 阿部謹也『物語ドイツの歴史』（中公新書、一九九八年）。

第四部　アジール論のゆくえ

第一章　幸福とアジールの史的考察

「人生は苦難を知ることに依つて始まる。苦難を知ることなき生は人間の生とは云ひがたいであらう。人生の深みといふものが苦難に依つて開かれると共に、一個の人間の味といふやうなものも亦、苦難の経験に依つて生れてくるやうである」(1)

宗教学者の松村克己は、敗戦からまだ間もない昭和二十三年に、このような言葉を残している。これは浅野順一が編集した論文集のなかに収められた論稿の一部であるが、この論文集には実に多くの方面から「苦難の意義」が論じられており、敗戦期の日本の学者たちにとっていかに「苦難」を乗り越えることが重要視さえていたかが生々と伝わってくる。

一方、現代社会においてはどうだろうか。このようなリアリティをもった「苦」の意味が軽視され、「幸福」とは何かという基本的な問いかけが不十分になっているのではないだろうか。以下このような問題意識にもとづき、「苦」のもつ意味について多角的に検討していきたい。

そもそも、あらゆる宗教が苦行・苦難（本書では、これらを広い意味で「苦」と捉える）を基盤に形成されてきたことは一般によく知られている。しかし、「苦」には二種類の相反するニュアンスが想定できる。そのうちの一つは、自然とやってくる〝苦〟であり、私たちが日常生活でごく当たり前に理解している「不幸」に直結する〝苦〟だ。これは地球上で生きる（生きた）すべての人間がなんらかの形で経験しなくてはならない感情であり、古今東西の誰もが避けて通りたいと願望してきたはずのものである。しかし、それとは全く逆に自らそれを求め、ある場合では「幸福」につながるようにみなされている「苦」もたしかに存在しているのである。むしろ宗教はこのような「苦」の形態に近いのであろうが、本稿ではとくにこちらの方に注目していきたい。

「苦」がしばしば宗教者やその他の人びとによって修行や苦行というかたちで積極的に臨まれ、それが歴史の中で大きな意味を持ち続けてきたことについては、それこそ世界中に厖大な研究史がある。しかし一般の庶民が「苦」をどのように乗りこえていたのかといった問題についてはあまり注目されておらず、幸福論・不幸論は一部の頂点的な思想家に追随するような形で行われてきたような気がしてならない。本書はこの点を反省し、知識人にとっての幸福論と一般の庶民にとっての幸福論を綜合し、我々が幸福に生きるにはどうすればよいのかといった大問題にアプローチしてみたいと思う。

第一節　人類における苦難・苦行の意味

1　宗教者における「苦」

宗教において「苦難」のもつ意味については、すでにJ・ボウカーの大著『苦難の意味』において明快に論じられている。(2) たとえばユダヤ教においては「苦難の事実ではなく、その配分」が問題となり、「なぜ神に忠実であろうと努めている人びとが苦難に会っているのに、邪な人びと々が栄えるのか」が命題とされ、「苦難は人間の向上と発達に必要な人間の属性」であり、「降りかかる苦痛に喜んで耐えうる者はこの世に救いをもたらす」と理解された。またイスラム教の『コーラン』においても、「サブル」（忍耐・忍従）が重視され、「アッラーのお傍に逃げ込んで」という考え方が強調されているという。このほかにボウカーは「マルクス主義」を含めたさまざまな宗教・思想における「苦難の意味」を分析しているが、本書では日本の仏教史の偉人たちが「苦」をいかに克服してきたのかについて注目していきたい。とりわけ日本の宗教史の中で特筆すべき点は「遁世者」といわれる人びとの活躍である。

鎌倉末期に活躍した無住は『沙石集』の中で「遁世」に対して以下のような考え方を紹介している。まず、遁世には三段階あるという。最初の段階は、単に世間を捨てることで、自然に貧しくなったり、世間から捨てられたりした場合もこれに当てはまる。そのため数は多い。第二段階は、身を捨てること。非人となり、飢寒に耐えている状態である。そして第三段階については、「第三に、心を捨つとは、五塵六欲、名聞利益、かつて心にかからず、執心執着無くして、浮世を夢のごとく思ひて、心の底まで清きを、心を捨つと云ふなり。かくてこそ、仏道に心は染み、菩提に望みは掛くべき事なり。……名利を捨つるこそ、隠遁の姿、出家の形なれ。されば仏道に思ひ入らば、この心を捨て、まめやかに遁るべし」（『沙石集』巻十本ノ十）としている。

つまり「心を捨て、まめやかに（＝本当に）遁れる」ことがなくては本来の意味での遁世ではないはずなのに、近頃は「わづかの世、いやしき家を捨てずして、へつらひ苦しみて過ごし」ている、これでは駄目だということが説かれている。出家遁世には本来、重大な覚悟が必要とされたはずであり、だからこそあの兼好法師も次のように語っているのだ。

　不幸に憂に沈める人の、頭おろしなどふつ、かに思ひとりたるにはあらで、あるかなきかに、門さしこめて、待つこともなく明し暮したる、さるかたにあらまほし。

　顕基中納言の言ひけん、配所の月、罪なくて見ん事、さも覚えぬべし。（『徒然草』「第五段」）

この文章から、①不幸に沈める人が出家（「頭おろし」）することが多かったこと。②出家が当時の人びとにとって（社会的に）今の時代からは想像できないほど重大な問題であったことなどが伝わってくるだろう。しかし、むしろここで注目したいのは引用されている顕基中納言の「配所の月、罪なくて見ん事」という言葉である。これはどのようなことを意味しているのだろうか。『発心集』には顕基中納言について次のように説明されている。

中納言顕基は大納言俊賢の息、後一条の御門に時めかし仕へ給ひて、わかうより司・位につけて恨みなかりけれど、心は此の世のさかえを好まず、深く仏道を願ひ、菩提を望む思ひのみあり。（中略）いといみじきすき人にて、朝夕琵琶をひきつつ、「罪なくして罪をかうぶりて、配所の月を見ばや」となむ願はれける。（『発心集』）

「罪なくして……」とは「無実の罪を被って、（誰もいない）流刑地で月を眺めてみたいものだ」といった意味であるが、ここに網野善彦の提唱する「無縁＝自由」の概念を見出すことができるだろう。網野の「無縁＝自由」論は、西洋の自由（freedom）の概念をもつ言葉として日本中世の「無縁」という語を設定したものだったが、その考え方は中世の遁世者が持ち合わせていた観念だったといってよいだろう。それはよく知られている百人一首の次の句にも現われている。

A　わが庵は　都のたつみ　しかぞ住む　世をうち山と　人はいふなり　（喜撰法師）
B　もろともに　あはれと思へ　山桜　花よりほかに　知る人もなし　（前大僧正行尊）
C　世の中よ　道こそなけれ　思い入る　山の奥にも　鹿ぞ鳴くなる　（藤原俊成）
D　おほけなく　うき世の民に　おほふかな　わがたつ杣に　すみぞめの袖　（慈円）

Aの句においては、自分のいる山林と俗世間を別空間として捉えながらも、やや楽観的な気分が感じとれるが、BやCにおいては山林に住むことの寂しさやどこへ行っても遁れる道がないという状況の厳しさが謳われている。またDの句においてはそれらの〝無縁感〟とは一線を画し、仏教による万民救済の意欲が強く打ち出されている。

ただしここで気をつけなければならないのが、「無縁」という概念が、いつの時代においても決してユートピアや楽園的なニュアンスで語りえたものではないことである。戦国期の『日葡辞書』の「無縁所」の記事には「所領もなければ檀徒なども無い、孤立無援の寺、あるいは礼拝場」と書かれているが、中世において「無縁」が使われる場合は否定的なニュアンスが多かった。(3) むしろ前近代の遁世者にとって〝無縁〟であることは恐怖に違いなく、だからこそ山林に入ることがそのまま修行の意味をもちえたのである。山林で活躍する山伏や遁世者は、一般の人びとから「天狗」とみなされていたというが、(4) これも山林に対する恐怖・畏怖によっていたと考えられる。〝無縁〟を〝自由〟などと捉えられるようになるには、よほどの修行が必要だったのであり、このような観念をもちえた人間は遁世者などの一部をのぞいた例外的な人だったのではないだろうか。「無縁＝苦・恐怖」といったイメージがやはり古代中世の社会通念だったのであろう。

2　文学者における「苦」

夏目漱石の『吾輩は猫である』（以下、『猫』）の中に「一概に考えるとのぼせは損あって益なき現象であるが、そうばかり速断してならん場合がある。職業によると逆上はよほど大切なもので、逆上せんとなんにもできないことがある。そのうちで最も逆上を重んずるのは詩人である。……彼らの仲間では逆上を呼ぶに逆上の名をもってしない。申し合わせてインスピレーション、インスピレーションとさももったいそうにとなえている」という下りがある。これは漱石なりの皮肉が込められた文章ではあるが、「逆上」を「インスピレーション」の素材として捉えていることはパラドクスとしては十分に正当性をもつのではないか。

漱石は「人生」という短編の中でも次のように記している。

青門老圃独り一室の中に坐し、冥思遐捜す。両頬赤を発し火の如く、喉間咯々声あるに至る。稿を属し日を積まざれば出でず、思を構ふるの時に方つて大苦あるものの如し。既に来れば則ち大喜、衣を牽き、床を遶りて狂呼す。バーンス、詩を作りて河上に徘徊す。あるいは呻吟し、あるいは低唱す。忽ちにして大声放歌歔欷涙下る、西人この種の所作をなづけて、インスピレーションといふ。

漱石はさらに『猫』の別の箇所でも「人間はわが身恐ろしい悪党であるという事実を徹骨徹髄に感じた者でないと苦労人とはいえない。苦労人でないととうてい解脱はできない。(5)」と主人公の猫に語らせており、「苦労」（苦行）→「解脱」（想像力）という図式をくりかえし示している。ここですぐさま思い浮かぶのは三島由紀夫の「想像力というものは、多くは不満から生まれるものである。あるいは、退屈から生まれるものである(6)」という指摘だ。

三島はこのような不満をばねにした想像力によって小説を書いた人物としてスタンダールを挙げているが、まさしく文学者にとって、不満（苦）は芸術（想像力）を生む大きな要素であった。ちなみにこのような考え方を示す文化人は決して少なくない。ショーペンハウエルも三島と同様な認識を示しているし、(7)古今東西のさまざまな芸術家も同じことを語っていたことがその伝記・逸話等で知られている。

さて文学者にとっての「苦」が、しばしばプラスの効果を発揮しうることをみてきた。これは心理学的にいえば「昇華」や「ストレス・マネージメント」などに近いのであろうが、一方で往々にして「苦」がマイナスの効果を招くことを我々は知っているし、文学者もそれに無自覚ではなかった。たとえば川端康成は、三島由紀夫によって「川端康成を論ずる人が再読三読しなければならぬ重要な作品」と評された『抒情歌』（昭和七年）において主人公に「あなたが私のものであった時、私はしあわせな女らしい愛の心を通わせることが出来たのでありました。けれどもあなたを失ってからは、花の色、小鳥のさえずりも、私にはあじけなくむなしいものとなってしまったのでありました」と語らせている。これは恋人を失った女性の心情が実に巧妙に描き出されている場面であるが、不満足（不幸）が人間の心を悪いものにするという一つの真理をここから読み取ることができる。

また倉田百三は『出家とその弟子』の中で主人公の親鸞に極楽往生の方法を聞きに遠方よりやってきた人びとに対し、〝ただ念仏だけを信じて行えばよい〟と告げさせ、「人を愛しなさい。許しなさい。悲しみを耐え忍びなさい。業の催しに苦しみなさい。運命を直視しなさい。その時、人生の様々の事象を見る眼が濡れて来ます。仏様のお慈悲が有り難く心に沁むようになります。南無阿弥陀仏がしっくりと心にはまります。それが本当の学問と申すものじゃ」と語らせている。

ちなみに倉田はこの本の「序曲」においても、「わしは今日までさまざまの悲しみを知って来た。しかし悲しめば悲しむだけこの世が好きになる」という言葉を載せており、このような考え方が『出家とその弟子』全体に広がっていたことが分かる。ここにみられるのは「苦」を直視したときにはじめて真の満足（幸福）があるという考え方だが、これは「苦」や「悲しみ」をそのまま受け入れようとする一種の真理であり、その点で先ほどの短絡的な「苦」の克服の仕方や、苦＝悪の考え方よりもはるかに深みがある。

親鸞が実際にこのような考え方をもっていたかどうかはさておき、作者たる倉田がこのような思想をもとに『出家とその弟子』を著し、さらにそれが国内外で高い評価を受けたことは重要だろう。(8) また先に触れた夏目漱石も代表作『こころ』『門』の中でそれぞれ次のような一節を記している。

A　私はただ人間の罪というものを深く感じたのです。……私はその感じのために、知らない路傍の人から鞭たれたいとまで思ったこともあります。こうした階段をだんだん経過してゆくうちに、人に鞭たれるよりも、自分で自分を鞭つべきだという気になります。自分で自分を鞭つよりも、自分で自分を殺すべきだという考えが起こります。私はしかたがないから、死んだ気で生きていこうと決心しました。……私と妻とはけっして不幸ではありません、幸福でした。(『こころ』)

B　自分は門を開けて貰いに来た。けれども門番は扉の向側にいて、敲いても遂に顔さえ出してくれなかった。ただ、「敲いても駄目だ。独りで開けて入れ」と云う声が聞こえただけであった。彼はどうしたらこの門の閂を開ける事が出来るかを考えた。そうしてその手段と方法を明らかに頭の中で拵えた。けれどもそれを実施に開ける力は、少しも養成する事が出来なかった。……彼は門を通る人ではなかった。又門を通らないで済む人でもなかった。要するに、彼は門の下に立ち竦んで、日の暮れるのを待つべき不幸な人であった。(『門』)

Bの一節は、過去の罪に対する苦しみを克服するために主人公の宗助が山門を潜ろうとする場面であるが、これはまさしくアジールへ入り込むことであり、同時に先にもみたような出家遁世と同じ構造であった。ちなみに北川扶生子は、宗助が仏門に救いを求めるのは「女によってモノ化され記号化される男の恐怖を隠蔽する〈避難所《アジール》〉として」禅や書画などの伝統文化が機能しているからだという見解を示したが、[9]宗助にとってはアジールへ入り込むこと自体も恐怖であり、実際に立ち入ることができなかったことに注目すべきだろう。

さて以上のことを踏まえたうえで、次のような結論が得られるのではないだろうか。つまり、不安や不満はしばしば文学者にとって「想像力」を導き出させる活力源となり、そこに「苦」を幸福へと転換させる鍵がある、と。

最近、姜尚中が近代社会の形成期において夏目漱石とM・ウェーバーが共通の苦しみを持っていたこと[10]を示し、「悩むことを経て、恐いものがなくなる」という結論を導き出しているが、これも以上に述べた文脈の中で考えてみる必要がある。ちなみに幸福である者が必ずしも幸福ではなく、むしろ不幸である者こそが幸福である場合も往々にしてある。富をもつ者はそれを失う恐怖を常にもっており、実際にそれを失ってしまった場合には耐え難い苦痛を感じるであろうが、一方で富をもたない者は不幸への忍耐力があるうえに、失うべきものはなにもないという一種の安堵感がある。この話を「オルワンガル島の昔話」に即して紹介したのが中島敦の「幸福」と題するエッセーであるが、[11]このように「苦」の克服については文学者が常に関心を持ち続けてきた問題なのである。

3　哲学者における「苦」

哲学において「幸福」（あるいはその反証としての「不幸」「苦悩」の問題）は重大なテーマであり、

「過去のすべての時代においてつねに幸福が倫理の中心問題であった」[12]。とりわけ重要なのはストア派とエピクロス派の思想的な対立である。周知のように前者が禁欲主義と呼ばれ、一切の欲望を捨てて理性に従い生きることをめざすのに対し、後者は人生の目的を快楽に求める立場をとっている。とくにエピクロス派の生活信条が「隠れて生きよ」というものであったことは重要視しなくてはならないが[13]、本稿ではこのような思想的な対立ではなく次のような二項対立で研究史を整理することにしたい。

その対立とは、幸福を外に求める考え方と、幸福を内にあるものと考える見方である[14]。前者の立場を示す思想家には、ラッセル、ヒルティ、トルストイ、三木清がおり、後者にはエピクロス、セネカ、ショーペンハウエル、キュルケゴール、中島義道などがいる。まず前者の考え方からみていくことにしよう。

トルストイの幸福論は典型的な〝幸福を外にあるもの〟と考える立場である。

・苦しんでいる者に対する直接の愛の奉仕と、苦しみの共通の原因である迷いの根絶とに向けられる活動こそ、人間の直面する唯一の喜ばしい仕事であり、それが人間の生命の存する、奪われることのない幸福を与えてくれるのである[15]。

このような考え方は、常に他者を意識したものであり、極言してしまえば個人の内面よりも社会の充実を重視している。

一方、「希望に満ちて旅することは到着するよりもまさり、真の成功は労働することにある」と主張するスティーブンソンは「人生は、われわれが多少でもそこに演じられる戯曲に興味を抱いていない限り、退屈きはまる、演出のへたな芝居にすぎなくなる。芸術も科学ももつてゐない人間にとつては、世界は単なる色彩の配置、轉んで背骨でも折るくらゐがおちの凸凹道にすぎないだらう。自分自身の欲望と好奇心があればこそ、人は誰しも忍耐強く生存し続けるのであり、事物の外観や人間の姿に魅惑を感じるのであり、朝ごとに仕事と快楽とへの更新された欲望をもつて起きられるのである」[16]という人生の捉え方をしている。

これは〝人生は精神的な充実によって幸福になりえる〟といった考え方であるが、たとえばショーペンハウエルも同様な見解を示しており[17]、幸福論の中ではこちらも一つの大きな結論となっているといえよう。ギリシアの哲学者・ディオゲネスは一切のぜいたくを捨てた最低限度の生活を営むことこそが「幸福」であるという、いわば〝無所有＝幸福論〟を実践したといわれているが、このような考え方は究極的にはここまで至る可能性さえある[18]。なお近年でもエーリッヒ・フロムは「haveの時代」の終わりと「beの時代」の到来を指摘しているし、これまでみてきた網野善彦の無縁（無所有）＝自由論もこの点から考えることが可能であろう。

ちなみにスティーヴンソンの名作『ジーキル博士とハイド氏』の中で殺人を犯したもう一つの人格ハイドが「ジーキルはいまやわたしにとって避難《のがれ》の都市《まち》である」[19]と述べていることもここでは重要視したい。「避難の都市」とは紛れもなくアジールのことであるが、とりあえずここではそれが心の内面の中にも設定しうる問題であることについて確認しておくに止めておきたい[20]。

さてすでに「苦」に対して哲学的に二つのアプローチが存在することをみてきた。一つは、内面の克服しきれない問題を逃避し、外に関心を求めること。そして、もう一つは「苦」を真正面からみつめ、自己成長させる立場である。前者が「幸福を外に求める考え方」であり、後者が「幸福を内に求める考え方」を意味していた。しかし両者の中には共通項がある。それが「アジール」である。ここでいうアジールとは逃避場（心の避難所）のような意味であるが、前者はアジールを外に求めたものであり、後者はそれを内に形成することをめざしたものといえる。キュルケゴールは、人間がいかに無意識に誤謬の中に安住しているかを示すにあたり「大抵の人間は自分自身の家でありながら好んで一番地下室に住みたがるという悲しむべきいな笑うべき現象が見出される」という例を示したが、(21)「アジール」は、それが意識的かどうかは関係なく、常に誰しもの心の内面に存在しているのである。このことをふまえたうえで「苦」の解決策を内に求めたユダヤ人精神科医のW・B・ウルフの次の言葉に注目してみたい。

誘惑からの逃避ではなく、失望と懊悩に直面して澄んだ気持でたじろがぬこと――これがわれわれの目標でなくてはならぬ。もし諸君が人生における愉快ではないものをすべて避けてしまったとすれば、諸君の幸福は、何か避けられぬ失望がどこかの片隅にありそうな恐怖にいつもおびやかされた不安定な平静のなかに置かれるわけだ。もし諸君が苦痛と失望をいやがらずにそれと面接してきたのなら、諸君は、諸君の幸福をもっと高い価値あるものとみることができるばかりでなく、諸君は、予測できない不幸にたいしても用意ができていることになるのだ。……幸福な物しずかな人たちもいる。が、彼らは自分を人間という名で呼ぶことはできないのである。(22)

「アジール」は、個人の問題にしても社会の問題にしても、決して「苦」からの単なる逸脱ではなかった。むしろ、そこに入り込むことは「苦」を抱え込むことによって人間的な成長がなされることを意味していた。そして、その経験こそが逆に幸福をもたらすのであり、「苦」がない「アジール」は「幸福」ではない。半ば常識化してきたユートピア的なアジール像については見直す必要があるのではないだろうか。網野の無縁論も、無縁という言葉につきまとう暗いイメージを十分に検討してからでなくては、問題の本質を明らかにすることにはならない。〃無縁につきまとう暗いイメージの克服〃これこそがアジールというものの抱える最大のテーマあり、そこに人類史上の重要なテーマとしてアジールを取り上げる意義があるのではないだろうか。

第二節　日本社会におけるアジールと苦行

前節で、苦行と幸福の関係および「苦」の利益について考察してきたが、それらは宗教者・文学者・思想家などが考えてきたものを辿っただけであり、圧倒的多数である庶民（常民）が不幸をどのように切り抜けてきたのかという問題（それが最大の問題であるわけだが）については、まだまだ漠然としており、納得のいく結論が出たとは言いがたい。ここではその点についてさらに深く考察していきたい。その際、重要なキーワードとなるのがやはり「アジール」である。アジールとはO・ヘンスラーによれば、「一人の人間が特定の空間、人間、時間などにかかわることによって、持続的あるいは一時的に不可侵な存在となるその拘束的な形態」（阿部謹也訳）[23]であるが、本来は〃犯罪者の逃げ入り場所〃の意味で使われていた。従来の人類学の諸研究においてはプフィスターが用いたオレンディスムスOrendismusの概念から発生するタブーtabooにもとづいてアジールが成立すると考えられてきたが、一方でその場所へ入り込む主体（つまり、そこへ入り込む人間の心性）についての視点が欠如していたように思われる。アジールは、特定の人間が社会規範から逸脱したときに発生するきわめて社会的な問題であると同時に、歴史の中で個人があらわれる一瞬なのである。

さて、日本の古代・中世史の中でアジール（宗教的な庇護）の痕跡を探してみた場合、すぐに目に付くのが『日本霊異記』の中にみられる次のような話である。越前国加賀郡に浮浪人を捜し当てて調庸の税を強引に収めさせていた役人がいた。神護景雲三年（七六九）三月二十七日、たまたまそこに都に戸籍がある優婆塞となり「千手の呪をもち」山林修行を行っていた修行者が通りかかった。役人は「おまえは浮浪人だ。何で税を払わないのか」といってその修行者を縛り引きずっていった。このとき、その修行者は「『衣の虱も頭に上れば黒く成り、頭の虱も衣に下るれば白く成る』と。是くの如き譬有り。頂に陀羅尼を載せ経を負ふ意は、俗の難に遭はじとなり。何故ぞ大乗を持つ我れを打ち辱むる。実に験徳有らば、今威き力を示せ」（千手呪を憶持つものを拍ちて現に悪しき死の報いを得る縁　第十四）と述べ抵抗している。

「頂に陀羅尼を載せ経を負ふ意は、俗の難に遭はじとなり」という発想は要するに〝出家している人間は罪にあわないはずじゃないか！〟というものであり、まさにアジールの潜在的機能を意味している。ちなみにこの話では、その後、役人は逆に天罰を被り無残な死をとげることになる。

本書の第二部第一章でも述べたが、奈良時代の後半、国家の許可なく僧尼となる「私度」「自度」の流行が社会現象となったといわれているが、これはまさに「政府が体制を擁護する呪術の役割を仏教に求めたのに便乗して、庶民は体制を離脱する方便として仏教を利用した」事例ということができよう。(24)『大鏡』の「雲林院の菩提講」も盗人が改心して法師となる話であったし、『今昔物語集』にも次のような話がある。

鷹を使い生き物の命をとること限りない男がいた。老年になって鬼のような鷹を手にすえ、獅子のような狗を連れた大勢の者が襲い掛かってきて、妻子が餌食となり、自分も食われそうになる夢を見た。あくる日男は鷹を解き放ち、法師となって一生を暮らした。

このような話は古代・中世の説話集の中に数多く載せられているが、聖の生活については平安の貴族たちの間でも日常とは全く違った生き方として観念されていたことはまず間違いなかろう。出家遁世にはアジールとしての（さまざまな意味での）「罪の浄化」作用が考えられており、それは社会的に認められ、アジールとしての機能をたしかに果たしていた。しかし、すでに述べているように上流階級（仏教者も）の間でこのような形でアジールの思想が定着していたことは明らかであるが、当時の常識（社会通念）としてこのような観念が下部にまで広がっていたのかという点には疑問が残る。その点についてそれが社会現象となる寺社への駆け込みを参考にみていくことにしよう。

アジールが出家遁世と深い関わりをもっていることをすでにみてきたが、ここではさらにそれが具体的にどのような歴史的な意味をもったのかについて考察していきたい。

先述したとおりアジールは〝罪の浄化作用〟をコア概念としてもっており、超歴史的に「苦」を必然的に伴うものである。さらにそれは主として中世の上層階級を中心とした人々がもちあわせた思想であり、当時の一般的な常識（社会通念）としては成立していたとはいいがたいことをすでに指摘した。しかしこのようなアジールの思想は、江戸時代になるときわめて広い階層の人びとにまで一般化・常識化していく。

従来の学説においては、寺社のアジール権は戦国時代になると制限され、とくに織田信長による比叡山焼き打ちなどを起点として完全に否定されていくと考えられてきた。しかし近年では、地方寺社の駆込寺の実態が明らかにされ、江戸時代においてアジールが広くみられたことが実証されつつあり、中世と近世のアジールの連続・断絶をいかに理解したらよいのかという疑問が新たに生まれてきている。この点について明快な答えを提供してくれる研究は今のところ出されていないが、筆者は次のように理解すべきだと考える。

まず日本の中世においては、アジールはきわめて閉鎖的であり、あまり広汎な機能をもちあわせていなかった。どちらかというと共同体の外への逃亡を強いられるケースが多く、アジールは限定的だった。中世の寺院は罪人に対して排他的であったわけである。それが近世になると地方の寺社もアジール権をもつようになっていき、民衆の側も盛んにそこへ逃げ込む行為が行われるようになった。では、一体、アジールは近世社会の中でどのような要因を背景に機能しはじめたのだろうか。

ここではパーソンズのAGIL図式で考えていきたい。AGIL図式とは、四機能図式（four-function paradigm）ともいい、「生命システム（living system）以上の、システムとしての要求（needs）充足をもつようなな実在に適用されるモデル」のことである。[25] ここで分析対象にしたいのは、近世にアジールを保持したことが史料上明白である龍潭寺（静岡県浜松市引佐町井伊谷）の事例である。龍潭寺は、先述したように戦国期の「悪党以下、山林と号し走入るの処、住持等にその届けなく成敗すべからざる事」という今川氏真の判物以来、江戸時代にかけて多くのアジールの事例がみられる寺院だ。

まず、第一の下位システムである「適応」（adaptation；A）に該当するのは、寺院経済だといえる。戦国期の龍潭寺の経済基盤を示す史料として当時の過去帳があるが、ここから「祠堂銭」などの寄進料がかなりの面をおっていたことが推察される。また、戦国期の過去帳から、龍潭寺が遠江を中心にかなり広範囲な信仰圏をもっていたことがわかり、さらに多くの有力者から入牌料を受け取っていたことも知られる。これは戦乱の前に収められることが多く、当時の武士たちの死に対する観念が推察されうるが、戦乱という時代背景をもとにこの寺院は在地に根ざした支持基盤を有し、その観念は基本的に江戸時代へと引き継がれたように考えられる。

次の「目標達成」（goal-attainment；G）に該当するものをここではアジール（駆込寺）と考える。すでに地方寺社の駆込寺についてはは佐藤孝之などによって明らかにされているが、江戸時代に住持が村社会の紛争解決システムとして機能していたことは間違いない。第三の下位システムである「統合」（integration；I）については、「教義」さらに戦国大名から出された禁制（朱印状）が該当される。これはシステム内部が統制をとり、機能障害や急な変化から守る働きをするシステムであるが、寺社における住持の説教（あるいは教義・殺生禁断の思想）がそれを支える根拠となっていた。寺社内部の秩序が内的な規則（規範）と外的な承認によって維持（統制）されていたといえよう。

さて第四の下位システムである「潜在性」（latency；L）は、〝寺の由緒〟が該当する。システム全体の長期的活動に裏づけを与えるのはまさに由緒であり、それがシステム内の各部分の緊張を緩和している面があることは明らかである。しかし〝寺の由緒〟ということだけでは、江戸時代に地方の寺社にまでアジール権が成立していたことを示す根拠にはならない（ただし、このような由緒は正徳年間頃になるとさかんに強調されるようになってくる。明らかにこれはアジールの機能とも関連していると考えられる）。由緒だけではない何か別の社会的に通用する常識が「潜在性」の中には組み込まれているはずである。ここで寺に入り込む人が「山林」と叫ぶこと、あるいは寺に逃げ込む行為が「山林」といわれたことに注目する必要があるのではないか。従来、この「山林」については「山野に交わる」＝逃散として理解されてきたが、ここでの意味は「出家」するというものであろう。古代・中世において「山林に交わる」ことはすなわち「出家遁世」を意味していたが、ここから〝出家遁世するから罪には問えない〟という例の社会通念を読み解くことができよう。古代・中世の貴族や宗教者のもっていた思想が少し時間を隔てこのような形で社会に定着していき、江戸時代の「駆込寺」の隆盛を築き上げたのである。

第三節　アジールと現代社会

社会的な意味でのアジールは近代社会において否定されるが、アジールを志向する心性は強く現代社会にもみられる。広義にとらえれば、寺社などに対するさまざまな信仰熱もこれに類するといえるであろうが、とくに民俗社会レベルでこのような現象はかなり広範にわたってみられる。柳田国男も「信仰の基礎は生活の自然の要求にあって……四季朝夕の尋常の幸福を求め、最も平凡なる不安を避けようとしていた結果」であると指摘しているが[26]、まさしく「平凡なる不安」の解消こそが過去・現在の人々にとっては主要な関心事であった。

すでに筆者はアジールに入り込むことは「苦」であり、無条件の自由・平等ではありえないことを指摘してきたが、近代社会ではこのような個人の「苦」に対して前近代のそれよりもはるかに厳しい抑圧が敷かれるようになった。ちなみに近代社会における「苦」の問題について、フロムは「一部の人々が、われわれが避けたいと思うもの、すなわち苦痛や苦悩に惹きつけられ、それをうけいれようとしていること」に注目し、このようなマゾヒズム的傾向とサディズム的努力には「たえがたい孤独感や無力感とから個人を逃れさせようとする」共通点があることを指摘。さらにそのうえで「人間が社会を支配し、経済機構を人間の幸福の目的に従属させるときにのみ、また人間が積極的に社会過程に参加するときにのみ、人間は現在かれを絶望――孤独と無力感――にかりたてているものを克服することができる。人間がこんにち苦しんでいるのは、貧困よりも、むしろかれが大きな機械の歯車、自動人形になってしまったという事実である」という結論を導き出している[27]。

なるほどフロムが指摘する通り、個人は他人との結びつきを必要としており、その点で国家主義や宗教が「『孤独』からの避難所」となることは頷ける。しかし本当に積極的に社会に参加することによってしかこの問題は解決されないのであろうか。むしろ社会が個人の「苦」や「不幸」の意義を積極的に認める構造を模索する必要があるのではないだろうか。以下で本稿との関連から考えていきたい。

中島義道は自身の「不幸論」の中で、幸福の条件として次の四つを提示している。(28)

①　自分の特定の欲望がかなえられていること。
②　その欲望が自分の一般的信念にかなっていること。
③　その欲望が世間から承認されていること。
④　その欲望の実現に関して、他人を不幸に陥れない（傷つけない、苦しめない）こと。

これらのメルクマールを提示したうえで、中島は「幸福は錯覚」であり、「自分自身の不幸の『かたち』」＝「よく生きる」ことなのではないかという独特な結論を出し、〝自分が幸福になることで他者が不幸になる〟〝幸福は不幸に目を向けていないだけ〟と指摘している。つまり「苦」や「不幸」が人間の生の源であり、それは社会的にも認められる必要があるのだ。

また新宮秀夫は人間の幸福はそれを得ようとしたり失わないようにしたりするときの緊張感の中に存在するとして、次のような四段階説を展開している。(29)

第一ステージ　人間の本能的な「快」を得て、ふやす
第二ステージ　獲得した「快」を永続させる
第三ステージ　苦難や悲しみを経験し、それを克服する
第四ステージ　克服できない苦難や悲しみの中に、幸福がある

この考え方もまた不幸をみつめることによって、その中に「よき生き方」を見極めようとする態度につ

ながっている。近年「子供たちの想像力が低下している」という言葉をあちこちで耳にするようになっていることも、この問題と切り離して考えるわけにはいかない。フロムは次のように指摘している。

> また近代人は独創的に考える力、——すなわち自分自身で考える能力を獲得していないということを忘れている。独創的な思考こそ、いかなるものもかれの思想の発表に干渉することができないというかれの主張に、はじめて意味をあたえるのである。……われわれは外にある力からますます自由になることに有頂天になり、内にある束縛や恐怖の事実に目をふさいでいる。

ここで指摘された「独創的な思考」[30]を本稿では「想像力」として扱ってきたが、その想像が現実のものとなるかどうかはほとんど問題にならない。むしろ往々にしてそれが現実のものにならないほうが「幸福」であるということはアンデルセン童話の『幸福の長靴』がすでに教えてくれていることである。「想像力」が欠如していることに自覚的になり、積極的に不幸の中に身を置くことがむしろ重要視されよう。

吉田源三郎の『君たちはどう生きるのか』の中に「人間である限り、過ちは誰にだってある。そして、良心がしびれえてしまわない以上、過ちを犯したという意識は、僕たちに苦しい思いをなめさずにはいない。しかし、コペル君、お互いに、この苦しい思いの中から、いつも新たな自信を汲み出してゆこうではないか、——正しい道に従って歩いてゆく力があるから、こんな苦しみもなめるのだと」（岩波文庫）という言葉がある。まさしく「苦」は人生についての「想像力」を広げてくれる好機《チャンス》なのである。現代社会は前近代のそれに比べ、たしかに自由で、平和で、満ち足りた社会である。しかし幸福・不幸という観点からすれば必ずしもそれは幸せとは言い切れない。フランクルはナチスの強制収容所という極限状態の中

の出来事について次のような記述を行っている。(31)

収容所に入れられ、なにかをして自己実現する道を断たれるという、思いつくかぎりでもっとも悲惨な状況、できるのはただこの耐えがたい苦痛に耐えることしかない状況にあっても、人は内に秘めた愛する人のまなざしや愛する人の面影を精神力で呼び出すことにより、満たされることができるのだ。

自分を取り巻く現実から目をそむけ、過去に目を向けるとき、内面の生は独特の徴を帯びた。世界も今現在の生活も背後にしりぞいた。心は憧れにのって過去へと帰っていった。路面電車に乗る、うちに帰る、玄関の扉を開ける、電話が鳴る、受話器を取る、部屋の明かりのスイッチを入れる――こんな、一見笑止なこまごましたことを、被収容者は追憶のなかで撫でさする。追想に胸がはりさけそうになり、涙を流すことすらある！

フランクル自身は「苦しむこと」を「責務」と認識したうえで、「わたしたちにとっては、苦しむことですら課題だったのであって、その意味深さにもはや目を閉じようとは思わなかった。わたしたちにとって、苦しむことはなにかをなしとげるという性格を帯びていた」としているが、苦しみの体験こそが「想像力」を育み、生きることの意味を教えてくれるのである。まさにこの点に、人が進んで不幸を選択することの意味が隠されていたのだ。満たされた今日においては、あらゆるものが「想像力」を駆使しなくても手に入ってしまい、人々は悩みや困難に対する免役力が低下している。だからこそ心の内面の中に「アジール」（幸福への想像力としての避難所）をつくりあげていくことが大切なのであり、それを社会が認めていく必要もある。ちなみに想像力について認知心理学の観点から分析された内田伸子は、想像力を存分に発揮させる方法として次の三つを挙げている。[32]

①　誰にも邪魔されずに一人になり、自分一人の世界をつくること、また非活動的になること。現実の制約を最小限にし、日常性から脱するために夢想すること。

②　よく見、よく聞くこと。日常を注意深く見る目を養うこと。

③　積極的に、人との関わりの一つ一つを大切にすること。

本書では楽観・牧歌的なイメージで語られることが多い「アジール」に不安や「苦」が常につきまとっていたことを示し、そこに「想像力」（独創的な思考）を確立する鍵がある、といった指摘を繰り返し行ってきた。まさにこの点で日本の近世社会を中心にして展開されたアジールは円滑な社会的な機能を果たしていたといえる。つまり個人自ら「苦」へと入り込む行為が社会によって認められていたのである。フロムが指摘する近代社会における「自由からの逃亡」に対すべきもう一つのルートがこのあたりに隠されているような気がしてならない。心の内にも、外にも、確固とした「アジール」を形成し、想像・創造的によりよく生きる力が、今日ますます求められているといえるだろう。

第二章　アジールと民俗

埼玉県川越市の喜多院の境内に「どろぼう橋」と呼ばれる橋がある。川越市教育委員会が出している案内板（昭和五十八年三月）には「ここ喜多院と東照宮の境内地は御神領で、江戸幕府の御朱印地でもあり、川越藩の町奉行では捕えることができないことを知っていた一人の盗賊が、町奉行の捕り方に追われ、この橋から境内に逃げこんだ。しかし、盗賊は寺男たちに捕えられ、寺僧に諭され悪いことがふりかかる恐ろしさを知った。盗賊は厄除元三大師に心から罪を許してもらえるよう祈り、ようやく真人間に立直ることができた。そこで寺では幕府の寺社奉行にその処置を願い出たところ、無罪放免の許しが出た」と記されている。そしてこの男は、この後、商家に奉公に出てまじめに働いたという。そしてこのことをもって、「どろぼう橋」というようになったとされている。

このようにアジールと深く関わる伝承は日本全国に存在しており、「盗人神《ぬすっとがみ》」として泥棒が祀られている神社さえある。たとえば千葉県市

どろぼう橋（川越市）

原市の建市神社では、盗人がこの神社の境内に隠れると姿がみえなくなり捕まらないといわれており、岐阜県高山市の三福寺釜の森、岡山市の戸隠神社などにもほぼ同様の信仰があったといわれている。(33)

アジールに魅了されたのは、なにも歴史家だけではない。ごく一般的な庶民(=常民)にとってもアジールの思想は、超歴史的に強い影響力を持ち続け、さまざまな表象文化を形成させていった。本章ではその一端について「縁切り信仰」をもとにみていきたい。「縁切り信仰」は、そこに祈願すると男女やその他の縁が切れると信じられているもので、主体的に縁を切るために祈願する場合や、「意図せざる結果」として縁が切れてしまう場合など、その形態は実にさまざまである。しかし日本全国にわたってこのような信仰を見出すことができ、それこそ水木しげるの「ゲゲゲの鬼太郎」の中にも「縁切り虫」(第二作第十七話)という妖怪が登場しているほどである。現在でも広く残るこの信仰を手がかりに、アジールの思想が現代社会の中にいかに取り入れられているかについて考えてみたい。

第一節　縁切り信仰とアジール

「縁切り」といった信仰・習俗を研究しようとする場合、どうしても確認しておかなくてはならないことがある。それは「縁切り」が、「縁結び」の反証であることからもわかる通り、決して無条件にプラスのイメージで考えられる問題ではなく、むしろ全体としてはマイナスの印象が強いことだ。しかし、「縁切り榎」をはじめ、現在残る全国の多くの「縁切りスポット」では、縁切り祈願の絵馬が多数飾りつけられており、参拝する人の数も後を絶たない。明らかにこれはマイナスのイメージだけではなく、「縁結び」と同等レヴェルでのプラスの祈願として成立していることが分かる。いったい、これはなぜなのだろうか。

一方、見逃してならないのは、縁切りの観念が、近年「カップルで行くと別れる」というジンクスとして形を変えて成立していることである。明らかにこれは、表面上マイナスの側面が強く、その構造としてもかつて農村で広く信じられていた本来の「縁切り信仰」にかなり近い民間信仰だといえよう。ちなみに先ほどからこれらの「縁切り」を「信仰」という言葉であらわしているが、この習俗は民間信仰の典型的な一つだと考えられる。ここでいう民間信仰とは、桜井徳太郎がかつて明快に定義した通り、「日常的な市民生活を送っている数多くの民衆のあいだに培われ育てられてきた信仰」のことであり、「特定の教祖は存在しない」協同体の担う信仰のことであるが[34]、「縁切り信仰」も協同体のなかにひっそりと、しかしたしかに存在してきた民間信仰の一種なのである。なお、ふつう研究史上この民間信仰は「俗信」として扱われることが多いが、先にみたような縁切りの多様性を鑑みた場合、「俗信」や「祈願」として捉えるには概念が狭すぎるように思われる[35]。よって本書では、広く「縁切り信仰」の語を用いて、この民間信仰にアプローチしていきたい。

柳田国男はかつて「信仰の基礎は生活の自然の要求にあって、強いて日月星辰というがごとき荘麗にして物遠いところには心を寄せず四季朝夕の尋常の幸福を求め、最も平凡なる不安を避けようとしていた結果」であると指摘したが[36]、まさしく「縁切り」も「平凡なる不安を避け」るために生まれ、長い間持続され、ついに現在にまで人びとの信仰を集め続けてきたのであった。とりわけ日本の民間信仰においては現世利益的性格が強いといわれるが、この信仰もまさにそれに該当されよう。なお、縁切り信仰が、地域社会にかなり深く根づいていることもここであらためて指摘しておきたい。従来の研究が示してくれている通り、縁切りは「サエの神」との関連が強く、それが転じて不吉な禁忌《タブー》として確立されているケースが多いが、これらはほとんど例外なく地域の歴史や地理的要因によって発生している。

さてここで、本稿で扱うべき「縁切り」の概念について規定しておきたい。無論、「縁切り」は「縁結び」の反証であって、さまざまな理由から人あるいは病気、悪癖などとの縁を切ることを祈願する信仰のことを意味するが、これはきわめて特殊な信仰であるといえよう。エーリッヒ・フロムは国家主義や宗教について議論する際に、「もし個人と他人を結びつけさえすれば、人間のもっとも恐れる『孤独』からの避難所となる」として、個人は他者なしでは不安に苛まれてしまうことを指摘しているが、(27)この縁切り信仰は全く逆で、人とのつながりを切ることに主眼がおかれている。ちなみに「縁切り」という言葉でもっとも有名なのは「縁切寺」であろう。さだまさしの歌にもなったこの「縁切寺」は、普通、鎌倉東慶寺と上州満徳寺の二寺を指し、「駆込寺」ともいわれる。江戸時代には川柳や歌の題材としてよく用いられ、実際この寺に駆け込んだ女性は強制的に夫と離婚することができた。東慶寺・満徳寺にはさまざまな離縁状・駈入願が残されているが、そのうちの東慶寺の一件をみてみることにしよう。(37)

当寺えきをと申女駈入、離縁寺法願ひ候ニ付、やうす尋させ候えは、江戸本郷四丁目万屋彦次郎妹のよし、いよ、、その方妻ニ紛なく候哉、苦労なる寺法勤かね候半と不便ニそんし、立帰り候やうにいろ、、異見申させ候え共、存知切り罷越候よしニて、達て願ひ候ま、、拠なく双方届け候、若　公儀御法にても背候ものニて申分候ハヽ、証拠とり添、爰元役所え参り申さるへく候、やうす聞届伺ひ候て申渡へく候、尤申ふんなく候ハヽ、以後障りなき書付に印形いたし遣し、参り候ニおよはす候、古来より　御めんの寺法故抱おく事ニ候、何れも立合埒明あまたの難儀になり不申候やうに致へく候、慈悲の寺法念を入、届かくのことくに候、以上

鎌倉松岡山一老

蔭　涼　軒㊞

正月十日

㊞（釈然解脱）

江戸本郷五丁目

家主　勇　助

夫　　勘兵衛

名主　組　中

これはいわゆる「寺法書」といわれるもので、「きを」という女性を東慶寺が匿うことを強く主張している文書である。「縁切り」はこのような形で江戸時代には広く実際に行われていた。

なお『開山系図』（東慶寺所蔵）の覚山尼の条には「御宇多院ならびに鎌倉将軍、罪人御免許の勅書、御教書下賜」と書かれていることから、東慶寺では古くから罪人を保護する権利が幕府によって認められていた可能性がある。このような風習があったとすれば罪人の庇護権、すなわち西洋にみられたアジール

の特権と同様なものだと考えられるが、残念ながらこの寺には中世のアジールを示す別の史料はみあたらずその実態は定かではない。しかし重要なのは、「縁切り」とアジールが深く結びついて意識されていたことである。これは実はかなり古くから研究史の中でいわれ続けてきたことであるが、アジールと縁切りの関係をどう理解したらよいのだろうか。ここであらためて考えてみたい。

くりかえし述べてきたように網野善彦はアジールを「縁切り」（網野の言葉でいえば「無縁の原理」）の一部であるという説を提唱しているが、筆者はどちらかといえば「縁切り」をアジールの特殊形とする理解のほうが正しいのではないかと思う。つまり〝この寺に入れば罪人ですら仏の慈悲によって罪が許される。まして離婚したい女性はなおさらだ〟といった論理が成立していたのではないか。これらのことから筆者は縁切りとアジールをそれぞれ次のように規定すべきだと考える。アジールは、「犯罪者がそこへ入れば罪が許されること」、縁切りは「そこへ入ればさまざまな悪縁が切れる行為のこと」である。どちらも、神仏による保護が社会的に何らかのかたちで認められることが前提にあり、「人びとがそこに入れば助けられると思っている空間であり、なおかつ社会的にそれが承認されていること」として共通である。なお縁切りが信仰として認められている「縁切り榎」のような事例を「縁切り信仰」、縁切寺のように社会制度的にすでに機能している場合を「縁切り慣行」と定義し、論を進めることにしたい。

第二節　「縁切り」をめぐる研究史の整理と問題の所在

「縁切り」についての研究史を考える際に、忘れてはならないのは離婚の問題との関連であり、逆説的にいえば結婚史とのつながりである。ここからまずは結婚をめぐる研究がどのように行われ、どのような意味がもたれてきたのかを概観することにしたい。

一八九一年に出版されたE．A．ウェスターマークの『人類婚姻史』[38]の中に「日本の大宝律令の離婚法は実質的に中国の離婚法と同じであったが、実際には妻は些細で見えすいた口実のもとに夫のほしいままに離婚され得たのであって、最もよく使われる口実は、妻が『家風にあわない』ということであった。中国におけるように妻はいかなる理由をもってしても夫との離婚を要求する法律上の権威をもっていなかった。このことは一八七三年（明治六年）までのことで、同年に、夫を相手取って離婚訴訟を提起することを妻にはじめて許容した法が制定された」という一節がある。

ここからも分かるように明治の民法典の成立は、このような明治以前の風習に対する批判から成立していった。穂積陳重は明治六年の太政官布告について「婦人の法律的地位の革命」と指摘し[39]、明治民法典も基本的に夫婦対等をめざす中でつくられ、離婚がいわゆる「三くだり半」のような一方的（unilateral）から雙方的（bilateral）なものへと変わったことを強調している。ウェスターマークはこの考え方に疑問を呈しているが、戦前の三くだり半（駆込寺）研究がこのような政治的な背景の中から行われてきたことには注意しておく必要があろう。参考までにエンゲルスも『家族・私有財産・国家の起源』の中で、「すべての野蛮人や、すべての下位・中位段階の、一部はさらに上位段階の未開人では、女性はたんに自由な地位だけでなく、高度に尊敬される地位を示している」という見解を示している[40]。

ちなみに第三部で詳述したが「中世」という時代区画に注目し、西洋と日本の共通性をひたむきに研究していた平泉澄の『中世に於ける社寺と社会との関係』もその史学史の中でこそ注目すべき著作である。当時の日本史学会では、日本と西欧の類似性に注目することで、東洋の中の非東洋（西洋）的な側面を発見する（あるいは西洋歴史学の尺度で日本史を分析する）研究が多く出され、その視点が現在まで大きな影響をもっている。平泉は当時西洋の歴史学界で注目されていたアジールという問題に着目し、日本にも同様な現象がみられることを実証した。その中で彼は近世にも「アジールの権利を認められた寺院が二箇所ある」とし、東慶寺と満徳寺の事例を挙げている。縁切寺についての研究は、平泉以前に澤田薫『縁切寺』[41]や穂積重遠『離婚制度の研究』[42]などがあるが、東慶寺のアジール権が中世においては妻女の離縁に限られたものではなかったことを論じている点など平泉の分析視点は卓見といえる。

なお今日では、高木侃の縁切寺に関する実証的かつ網羅的な研究が知られている。高木は、江戸時代の女性が「家風に合わない」という理由によって強制的に離婚させられており、弱い立場におかれていたという従来の固定観念を否定する。当時の三行半には「我ら勝手ニ付」という言葉が多用されているが、この「勝手二付」という「勝手」が単に「都合によって」くらいの意味であって、これまで言われてきたように夫より一方的に三くだり半をつきつけられ強引に離婚させられたことを示すものではありえないとする[43]。この史料の読みはかなり説得的であり、江戸時代が今日常識的に考えられている以上に女性の自由が認められていたことが明らかにされ、「縁切り」についても従来とは異なる見方が必要となった[44]。

なお縁切り信仰については、柳田国男を中心とした民俗学の研究がよく知られているが、高梨公之[45]や長沢利明[46]、岩井宏實[33]、戸部民夫[47]などの精力的な仕事も知られている。高梨は日本の各地にみられる縁切りの俗信の事例を蒐集し、とくに「サエの神」と「縁切り」には深い結びつきがあったことを主張する。そして縁切寺の発想の前提にはこのような木や石に対する縁切りの俗信があったのではないかと指摘している。またとくに板橋の縁切り榎に着目した長沢は、縁切りの利益を「本来派生的なものであったはず」として、「各地の「縁切何々」も、もともとはその場所が特別な意味を帯びた地点であり、何らかの伝説やいわれがそれぞれに付随していたものと思われる」としている。いずれの見方も「縁切り信仰」を考察するうえで避けては通れない問題であり[48]、次節で詳しく検討してみたい。

第三節　日本の民俗社会における縁切り信仰

1　「縁切り」全国事例の検討

「縁切り」という言葉は耳慣れないように感じるかもしれないが、実際は日本人の生活習慣の中にこの観念は今でも深く残っている。たとえば「縁を切る」という言葉は日常会話でもごくごく普通に用いられているし、「エンガチョ」という風習もよく知られているところである。また、〝カップルで行くと別れる〟というジンクスをもつスポットについても、いわゆる都市伝説という形で若者の間でかなり広まっていることも周知のことであろう。もちろん、マスメディアに取り上げられたことでその噂がより全国に広まりやすいといった今日的な事情もあるが、その前提としてかなり前からこの信仰は存在していた。巻末の表は全国の〝縁切りスポット〟といわれる場所を示したものであるが、これらの事例をまずはその縁切りを担う対象で分類し、いくつかの事例を報告しておきたい。

A　木や石に表出した縁切りの事例

① 神奈川県相模原市には「縁切り榎」と呼ばれる木がある。これは南北朝期に護良親王を匿った淵辺義博が、妻子と縁を切った場所といわれる（淵野辺伝説）。また近くの中里橋は「わかれ橋」ともいわれている。

② 埼玉県朝霞市膝折町にも「縁切り榎」と呼ばれる榎があったという。

③ 群馬県太田市徳川町の満徳寺の駆け込み門の横には「縁切寺」として有名であるが、その境内には「縁切り榎」なるものが存在していたという。

④ 神奈川県厚木市には「縁切り松」と呼ばれる松がある。平塚市の北野橋のたもとにも結婚や結納の際には通ってはならない橋があったというが今はみあたらない。

⑤ 神奈川県鎌倉市北鎌倉の東慶寺には「縁切り欅」と呼ばれるも

（左）縁切り榎（相模原市）／（右）中里橋（別れ橋）
「淵辺義博についての伝説では護良親王を殺さずこっそり龍像寺の裏山の穴に隠した義博主従は、この榎の下で妻子縁を切り、境川の橋の上で別れを告げて親王と奥州石巻（宮城県）へ落ちのびたという」（大野北公民館案内板）

のがかつて存在していた。

⑥　神奈川県茅ヶ崎市の今宿の松尾神社付近の「頭なしの森」も、決して嫁入り行列は通ってはならない。昔、ここを婚儀の一隊が通った際に、気がつくと花嫁の首がなくなっていたという。

⑦　群馬県前橋市小石神社境内には「縁切り石」が置かれている。また境内には「縁結び石」もある。

⑧　長野県上田市の矢沢の村境にも「縁切石」と呼ばれる大きな自然石がある。嫁入り行列はこの道を避けて通った。

⑨　長野県旧下伊那郡中村と竹佐村との間に、「二つ山」というのがある。昔からこの山の南麓と北麓の町村とは結婚しない。それはこの山の麓を輿入れの折に通ると必ず離婚してしまうからである。歌人の磯丸が「万代も動かぬ中の夫婦山、いつの世にかは契り初めけむ」と詠み石碑を立てたおかげで、漸く通婚するようになったという。

縁切り石（前橋市）

B　橋に表出した縁切りの事例

⑩　栃木県足利市井草町の閻魔堂前に「縁切り橋」があった。今日はすでにないが、今でも縁談の媒人や、花嫁の通過するものはない。昔刑場があって此橋を渡る者は首を斬られたため、このように称したという。

⑪　埼玉県比企郡嵐山町には「縁切橋」と呼ばれる場所がある。婚礼の時は今でも新郎新婦を通さないといわれる。

⑫　埼玉県川口市本町にある「上の橋」は、橋材が榎の木であることから「縁切り榎の木の橋」であるといって、嫁入り道中では渡ることを避けてきた。

⑬　埼玉県行田市忍には次のような伝説がある。「成田氏長が政略離婚で上州金山城主由良刑部大輔の娘である妻女と別れたところが縁切り橋。また、別れ行く妻女が次の橋では、見送る氏長を振り返り、涙を流したので、その橋は涙橋と呼ばれるようになった。」ちなみに東松山市岩殿にも、坂上田村麻呂が女性と別れを惜しんだという縁切り橋がある。

⑭　埼玉県さいたま市岩槻区では、嫁の行列は堰枠橋を渡るものではないといい、現在でもわざわざ上や下に大回りするという。召集で兵隊に出征する人も無事では帰れないといわれて、この橋を渡るのを避けた。

⑮　神奈川県厚木市には「縁切り橋」と呼ばれる橋がある。このほかに同様の橋が平塚市久保、秦野市日向などにもあったという。

縁切り橋（嵐山町）

⑯　神奈川県鎌倉市梶原の「泣きんずら橋」（現存せず）は、梶原兄弟が泣き別れした橋だというが、嫁入りの際に通ることは忌避された。また秦野市菩提にある山田橋にも同様の禁忌があったようだ。

⑰　神奈川県茅ヶ崎市にある千ノ川にかかる橋も嫁女は決して通ってはならないという。昔、甲村のおせ

んという新婦が橋上から不意に飛び込んで消えてしまったことに由来するという。

⑱　神奈川県茅ヶ崎市の芹沢と寒川の境にある芹沢橋は地元の人には「追出し橋」といわれている（追出し地蔵もある）。昔は病気になっても医者がなく、そこで疫病神を追い出した。追い出すという言葉から花女郎さんは通らない。どうしても通るときには、おぶっつあって通るという。また、別に橋をかけて花ジョロだけが渡ったともいわれている。さらに同市の村岡宮の前の柏尾川にかかる古館《コダテ》橋も、子断になるとして避けられた。

C　縁切り稲荷、薬師、地蔵などの事例

⑲　栃木県足利市の門田稲荷は古くから「縁切稲荷」と呼ばれている。ちなみにこの他、榎木稲荷（東京都渋谷区）・伏見稲荷（京都府伏見区）を合せて三大縁切稲荷と呼ばれている。

嫁取り松（兵庫県）

榎木稲荷（東京都渋谷）
（門田稲荷《栃木》・伏見稲荷《京都》と合わせて三大縁切り稲荷というが縁切信仰の実態はよく分からない）

⑳　群馬県邑楽郡明和町南大島にも「縁切り稲荷」があった。この稲荷に七日間祈願をすると縁が切れるといわれ、丑の刻参りの話が伝えられている。

㉑ 群馬県前橋市元総社町の化粧薬師も「縁切り薬師」として知られている。

㉒ 長野県上田市真田町にはいっとの坂（縁切り坂）とよばれる坂があり、かつては付近に「縁切り地蔵」があった。嫁入りの時は避けられ、脇道を通った。

D　寺社にみられる縁切り信仰

㉓ 群馬県前橋市富士見町米野の尺神様は縁切り神様として知られているという。

㉔ 縁切寺としては、北鎌倉の東慶寺と太田市の満徳寺が有名であるが、山形県山形市にある立石寺（山寺）にも古くから悪縁を切る信仰があったという。

E　〝カップルでは行ってはいけない〟

㉕ 東京都武蔵野市と三鷹市にまたがる井の頭公園の井の頭池では、カップルでボートに乗ると別れるといわれている。

㉖ 東京ディズニーランドにカップルで行くと別れる、という。

㉗ 群馬県高崎市の高崎観音は、縁結びの信仰でも知られているが、カップルで行くと別れるという迷信もある。

㉘ 長野県の松本城は俗にカップルで行くと別れるといわれる。これは松本神社の松姫伝説にちなむという。

㉙ 長崎県の稲佐山は、夜景スポットとして有名であるが、カップルで行くと別れると地元では有名。

このように縁切り信仰は全国各地に数多くあり、それこそ挙げていけばきりがないが、おおよその傾向として、Ａ～Ｄは古い慣行・信仰であるのに対して、逆にＥは近年あらたにみられるタイプの縁切り信仰である。Ｅのようなジンクスも、それこそ全国に無数存在するが、これらにも神仏が絡んでくるケースが多い。たとえば、井の頭公園のボートの事例においては、弁天様が嫉妬するという理由が若者の間で最も有力視されているし、[49]高崎観音の場合も女神の嫉妬がカップルを別れさせる原因として語られている。この他に有名なテーマパークや夜景スポットなどが〝縁切りスポット〟として都市伝説化する傾向が多々あるが、いずれにせよ縁切り信仰を単なる「封建時代の遺物」だとして片づけてしまうことはできないだろう。

縁切り布袋を祀る宝来宝来神社（熊本県）

さてこれらの事例をまとめてみると、地域によってある程度の特質がみられる。まず関東地方には「縁切り橋」が集中している。また長野・山梨などには「縁切り地蔵」も多く、東海地方にはこのような縁切り信仰自体が相対的に少ない。もちろん、この事例については、かつて婚入のタブーがみられなかったとは考えにくく、その残存状況が低かったと、とりあえず考えるべきだろう。

一方で、逆に全国の各地にこのような同質の信仰が広まっていることも重要であろう。福岡県久留米市の御井寺には「縁切り祈願塔」（蝉丸塔）と呼ばれるものがある。これは都から追放された蝉丸の後を追ってきた遊女と、蝉丸との別れに由来するようだが、この塔の欠片を粉にして飲むと縁が切れるという伝承が知られている。(50) 地方の縁切り信仰は、総じて中央との関係（あるいは有名な人物）が由緒として表出する場合が多いといえるだろう。

2　縁切り類型論

1で列挙した事例を綜合すると、まず「縁切り」は次のように機能主義的に分析して考えることができるであろう。まず大きく分けて「都市型」（実は圧倒的に郊外にあるものが多い）と「農村型」に分類できる。ここでいう「都市型」とは、上方・江戸などいわゆる〝都市〟を指すものであり、他方の「農村型」は〝非都市型〟といったほうがその実態に近いが、ここでは便宜的に「農村」の語を使用する。「都市型」の典型的なものが板橋の縁切り榎であり、一方で長野の縁切り石などは「農村型」だと考えられる（江戸時代の板橋はむしろ「農村」に近かったように考えられるが、江戸からやってくる人間が圧倒的に多いことから「都市型」と把握した。このように、この類型はあくまで型《タイプ》であって、脱構築的な理解にもとづいている）。もう一つ、その信仰が社会や個人にとってプラスの効果をもっている場合とマイナスの観念しか持ち合わせていない場合とでさらに分類す

蝉丸塔（福岡県久留米市三井寺境内）

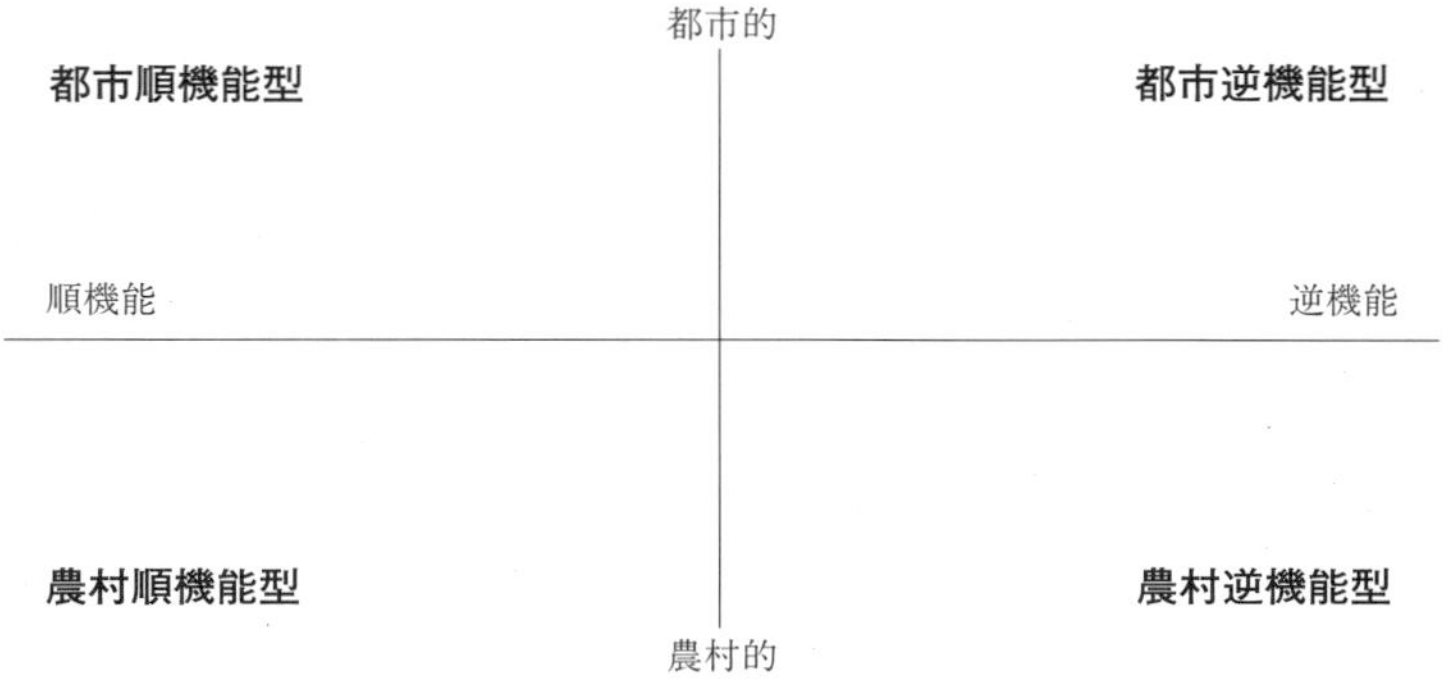

図５　縁切り信仰の類型

ることができる。前者を「順機能型」、後者を「逆機能型」とする。なお、「順機能」を有しながら「逆機能」をもたない事例は考えられないので、両方の機能を有している場合は「順機能型」として捉える。以上のことから、縁切り信仰について、「都市順機能型」「都市逆機能型」「農村順機能型」「農村逆機能型」の四類型が設定されるだろう。

　これらの四類型の残存状況をみると以下の通りである。まず今日最も顕著なかたちで残存しているのは、いうまでもなく「都市順機能型」の縁切り信仰である。しかしこのタイプには、かつては「逆機能」を有していたものも多く、比較的近い時期に生まれてきた型だとも考えられる。大まかな流れとしては、「逆機能型」から「順機能型」への移行、あるいは消滅するか、そのまま残存するかという方向性があったように思える。ちなみに一度「順機能型」になると消えにくい傾向もみられるが、逆に「農村型」ではたとえ対象物が消失しても「逆機能型」の俗信が残る場合が多い。一方、「都市逆機能型」には対象と信仰が全くみられなくなってしまう事例もある。東京都千代田区三崎町の三崎稲荷は、江戸時代には「縁切稲荷」

と呼ばれ婚礼行列のタブーとなっていたが、今日ではそのことを知る人も少ない。このように「都市逆機能型」の縁切りは、近年では順機能型に転ずるか、消滅するか、その存亡を問われることになっている。その逆に、現在、気を吐いているのは「都市順機能型」の縁切り信仰である。ここでは、京都周辺の事例を列挙してその点を述べておきたい。

京都の安井金比羅神社の縁切り石は、現在京都でも有名な観光スポットとなっており、田口ランディーの小説などにも取り上げられている。安井金比羅の「縁切り石」は願い事（ほとんどが縁切り願い）が書かれた札が数多く貼り付けられており、また人が通れるほどの穴が開いていてここを通ると願い事が成就する、といわれている。

大阪の高津宮にある「縁切り坂」も現在確認することができるスポットの一つだ。これは昔、坂が「三下り半」の形状であったことに由来するとされるが（『摂陽奇観』巻六）、興味深いのはここには「相生坂」（縁結びの坂）と呼ばれるもう一つの坂があることだ。これは南北両方に階段をつくり、カップルがそれぞれ南側と北側から登り、頂点でぴったりと合うと良縁であるというものであるが、どうやらこれは明治後期に新しく造られたものらしい。

また奈良の不空院にも縁結び・縁切りそれぞれの祠が並んで置かれている（次頁写真）。

一方で「農村順機能型」というのも、負けず劣らず多くの信仰の対象となっている。筆者が訪れた中でも、とくにその信仰の集中度具合が高かったのが、門田稲荷（栃木県）と縁切り地蔵（福岡県）の事例である。この二箇所はともに絵馬に縁切り祈願がされており、かなり多くの人の信仰の対象になっていることが行けば分かる（なお、これらはいずれも都市部から離れた郊外にあり、仮に「農村機能型」とした）。なお長野県の「塩の道博物館」の玄関横には「三神縁切りの太刀」があり、これも疫病神との悪縁切りなどの信仰で知られている。

なお板橋の縁切り榎は典型的な「都市順機能型」といえるが、その板橋にも「逆機能型」の縁切り信仰は多く存在していた。たとえば「六道の辻」「中尾《なこう》の道」「はなれ塚の道」「あいの道」「中の道」といった場所は、昭和の初めころまで嫁入り行列は通ることができなかった。六道の辻というのは、仏教の六道

安井金刀比羅神社の縁切り石（京都府）

高津宮の縁切り坂（大阪府）

不空院（奈良県）

（地獄・餓鬼・畜生・修羅・人間・天上）などにつながり嫌われたこと、「あいの道」「なかの道」は、昔からこの地域で口ずさまれていた「泣こうか　離りょうか　あいの道で　なか切れようか……」という言葉との関わりなどが指摘されており、またこれらの俗信は現在ではみられないという。(51) 以上のことから、板橋の縁切り榎が残存した理由として、それが「順機能型」に転じたことに大きな要因があったことはまず指摘できるであろう。なお、板橋の縁切り信仰がいずれも「道」を対象として生まれていることは注目する必要がある。この点については後述することにしたい。

橋姫神社（宇治市）

野芥縁切地蔵尊（福岡県）

門田稲荷（栃木県足利市）

3　縁切りの社会的機能と発生要因について

ここで「縁切り」がどのようなことを根拠にいわれるのか、その傾向をみてみよう。次のようなパターンがみて取れる。

パターン１：不吉な具体的な事件→縁切り信仰
パターン２：歴史上の人物の妻子（愛人）との別れ→縁切り信仰
パターン３：地名の語呂が悪い→縁切り信仰

鉄輪の井戸（京都市）

これらのパターンは単独で表れることは少なく、それぞれ混合して縁切り信仰を生み出すことが多い。そしてそれぞれが重層しながら「縁切り信仰」が多様化し、広まっていく傾向がある。つまり〝なぜこの場所が縁切りなのか？〟という問いかけがあり、さまざまな理由が考えられるようになると、逆にこのような民間信仰が流行していくのである。だから極論してしまえば、「縁切り信仰」の発生要因が多く言われていればいるほど、その信仰圏は広くなっている。

パターン１の具体例を少しみてみよう。遠江国には東海道筋をはずれたもう一つのルートとして「姫街道」と呼ばれるものがある。なぜ「姫街道」と呼ばれるのかについてはさまざまな説がありかつて激しい論戦も行われたが、(52)その中で東海道筋の「今切渡」という場所が文字通り「今切」であって「縁切」に通じ女性たちに嫌がられたのではないかという説が出されている。[53]この説に対しては「今切」という名は中世の段階からあったものであり、近世後期になって急に忌み出すのはおかしい、それだけで厳しい山道を使うのは不自然だという反論もあるが、古くから皇女和宮が東海道を避けて中山道を使い江戸に嫁入りした理由の一つとも考えられており（なお、このとき板橋縁切り榎も避けられたといわれる）、これは十分に考えられる説だったのではないかと思う。たしかに「姫街道」という名が史料の上で登場するのは近世後期ではあるが、在地では古くからこの名が通称として使われていた可能性が高い。史料の乏しさから即断できないが、「縁切り」というタブー（昨今の言葉でいえばジン

縁切り絵馬（井伊谷宮日本絵馬史料館蔵）

縁切り絵馬（井伊谷宮日本絵馬史料館蔵）

縁切り絵馬（井伊谷宮日本絵馬史料館蔵）

クス）が、東海道という主流街道とは別の「姫街道」という別ルートの発展に寄与したことは十分に考えられるだろう。

このように前近代社会においては農村でも嫁入り行列でタブー視される場所を大きく迂回する慣行が行われていたが、上流社会においても全く同じ観念がたしかに存在していたのである。「都市」においても「農村」においても、結婚などのハレの場においては少しでも縁起の悪い場所は過剰なほど避けられた。ただ、嫁入り行列のタブー→縁切り信仰という図式は考えにくく、むしろ縁切り信仰→嫁入り行列のタブーとみたほうが適切だろう。この場合の嫁入り行列のタブーを導く縁切り信仰のハードルがかなり低く設定されていたことはいうまでもない。

第四節　板橋縁切り榎の史的背景

1　縁切り榎の成立過程――中山道（通称・姫街道）との関連を中心に――

板橋縁切り榎の発生要因については、江戸時代からさまざまな見解が出されている。それらを列挙すると以下のものがある。

・榎（エノキ）と槻（ツキ）の共生、「岩の坂」（いやの坂）という語呂の問題(54)

ここに榎と欅の一種の槻の双生樹がおい繁り、榎をエンの木とよみ、エンの木とツキの木を読み下して縁尽ともじり、下の岩の坂をイヤナ坂としゃれ、「縁が尽きる嫌な坂」から生じた。(55)

・冨士講の中祖・伊藤身禄との関係

　享保一八年（一七三三）、本郷で油商を営んで成功した伊藤身禄が、富士山の登山道をつくろうと、妻子と縁を切り中山道を旅だった。追いすがる妻子と別れたのが今の縁切り榎の下だったという説。

・「第六天」など宗教的な性質

木村博は、縁切り榎が「第六天」の神木であることに注目し、元々第六天信仰が愛欲に関わり深い神であることとの関連を指摘している(56)。

これらは第三節のパターン2・3に対応しているが、さらに板橋の縁切り榎の場合、京から宮が降嫁して来る際に、その場所を避けて通ったり、榎が隠されたりしたことが、逆説的に縁切りの信仰を広める大きな要因となったようである。板橋の縁切り榎の特徴は、言うまでもなくその知名度にあるが、それはさまざまな人びとの信仰・行為の繰り返しにより歴史的に形成されてきたものであるといえよう。すでに江戸時代の段階にこの信仰の

現在の板橋の縁切り榎（板橋区）

由来について考察されていることが何よりもそれを如実に物語っている。

なお、このように人びとの信仰を集めやすかった理由としては、この縁切り榎が江戸の外れ、中山道の最初の宿場町に位置していたことが真っ先に挙げられる。近世社会においては、現代と比べるとはるかに情報・交通の整備が未発達であったから、親しい人との別れもなおさらに深刻なものであった。そのような土地柄を背景にし、中山道の最初の宿場である板橋の縁切り榎が、人びとの信仰を重層的に獲得していったのだろう。

なお板橋よりもさらに江戸の中心に向かった今日の本郷三丁目あたりには「別れ橋」と呼ばれる場所《スポット》がある。現地の案内板によれば「江戸を追放された者が、この別れの橋で放たれ、南側の坂（本郷三丁目寄）で親類縁者が涙で見送ったから見送り坂。追放された人がふりかえりながら去ったから見返り坂といわれた」とあるが、これも本質的には板橋の縁切り榎と同じような観念をもとに今日まで残存してきたといえるだろう。

また板橋の縁切り榎の流行が、各地に拡散したことも指摘しておかなくてはならない。たとえば先述の⑪の事例などは明らかに板橋の縁切り榎を意識したうえでの民間信仰であり、縁切り榎を媒介にした「榎＝縁切り」というイメージがある程度広がっていたことが推察される。元々、江戸時代には縁切りの呪いなども多く行われており[57]（それは現在でも各地に残っているが）、このような信仰が広まりやすい土台が存在していたのである。そしてそれがこのような興味深く特徴的な信仰の急激な広まりを生むきっかけとなった。

なお、四国遍路の実証的な分析を行った真野俊和は近世の旅について「近世幕藩体制下での旅人の保護政策を過大評価するとしたら、あまりにも事実に反しよう。近世の旅行がけっして自由でなかったことは、今さらいうまでもないことである。しかしそれにもかかわらず、近代における旅の全面的な自由化が逆に、一部ではあれ極端な巡礼排斥論をもたらし、反面近世的体制の管理下での旅が、限界はあるにしても官民あげての一定の巡礼保護政策に結果したとするならば、為政者を含めて、旅人あるいは巡礼を迎える人びとの心情の何かが、確実に変わってしまったのだと考えざるを得ない」という見解を述べている(58)。

縁切り榎について近世の為政者がどのような対策をとったかについては、残念ながら史料はほとんどみられない。しかし榎を切り取ってしまおうという支配者側の考えは江戸時代を通じてついぞ生まれなかった（生まれていたのかもしれないが、実際に強制的に伐採されたことはなく、今日も何代目かの縁切り榎が残存している）。近代になるとこの縁切り榎に対しても否定的な見解が聞かれるようになるが(59)、それにも関わらず、この信仰がたしかに今日まで残存（代替わりはしているが）してきたことは大変興味深い事実であり、検討していかなくてはならない問題だろう。以下、その一端を考えたい。

2　近藤登之助と縁切り榎

板橋の縁切り榎が、近藤登之助抱屋敷に隣接して存在していたことについては多くの旧記が記している。『新編武蔵風土記稿』には「縁切榎　岩の坂にあり、近藤信濃守抱屋敷に傍へる圍み二丈許樹下第六天の小祠あり、則其神木なりと云、世に男女の悪縁を離絶せんとするもの、この樹に祈て験あらずと云ふことなし、故に嫁娶の時は其名を忌て其樹下をよこきらす、よりて近き年楽宮御下向の時も、他路を御通行あらせられしなり」とある。

ここでいう近藤とは、いわゆる「金指近藤家」のことを示しており、その江戸屋敷は先述した本郷の「別れ橋」のすぐ近くにあったとされている。そして抱屋敷が板橋の縁切り榎に隣接して置かれていた。「抱屋敷」とは、一般的に武士や町人が買い取った百姓地に立てられた屋敷のことであるが、残念ながらどのような経緯でこの地が近藤登助の手に移ったのかは分からない。ここでは少し近藤登助について、とくに本地の遠江金指あたりでの活躍に注目しながらみていくことにしたい。

近藤家は戦国期に井伊直政の下で活躍した近藤季用を始祖として、井伊谷近藤家・金指近藤家・大谷近藤家・気賀近藤家・花平近藤という五つの近藤家（通称「五近藤家」）に分かれている。井伊谷・金指・気賀・大谷・花平は隣接しており、概ね旧引佐郡（現在は浜松市に合併）の範囲にある。この地域の特徴は、いわゆるアジール、近年の使われ方では「駆込寺」が広く機能していたことにある（すでに第二部第三章で詳述した井伊谷の事例）。住持が積極的に犯罪人の弁解に活躍しており、ある場合には近藤家の屋敷にまで仲介に行っていたことさえあった。

なお近藤登助「家」は、家ぐるみで信仰心が厚かったようで、次のような史料がある。

近藤登之助殿飛脚被遣候間　一書令申候

（中略）

一近藤登之助殿　存之外信心、渾家和尚信向無残所候、此度去年之開示御自筆に被遊下候様に　拙僧

方より可申旨　重々御頼被成候　此旨無上師へ好々被相違　和尚請書被遣候様に才覚御尤に候　余人とは各別之事に候　去年死去候娘子執行有之様に申遣候へと　是又重々御頼候（中略）

二月廿五日　　宗　潜（花押）

拝進

禿翁法兄

拙　道

独　航

独　聞

惟徹公

禅師唐僧衆へ右之通可被申達候

（仙寿院文書）

これは竜渓宗潜という僧が記したものであるが、「近藤登之助殿　存之外信心、渾家和尚信向無残所也」と、「渾家」（家ぐるみ）で信仰心が篤かったことがはっきりと記されている。竜渓と近藤登助貞用の関係がかなり深かったことがここから伝わってくるが、この竜渓の紹介で貞用は、明の高僧である独湛性瑩を領地の遠江国引佐郡金指村に招き、初山宝林寺を建立させている。近藤登助は所領はたしかに多いが、一介の旗本であることにはちがいがなく、当時としてもかなり異例のことであった。

なお近藤登助がこのように中国の高僧たちと交流を持つことができた大きな理由の一つには、黄檗宗の初祖として有名な隠元和尚などの宿所が、近藤登助の江戸屋敷の迎いにあった天沢山麟祥院に置かれてい

宝林寺（浜松市細江町）

たこともあった。先に触れた井伊谷村や金指村の僧侶なども活発に江戸屋敷に来ていたことからも、近藤の江戸屋敷ではこのように宗教色が強かったことが容易に想像できる。また金指の実相寺の住持は、自由に近藤家の屋敷に出入りすることが認められていたとされる。独湛と宝林寺の金指村での活躍について、若林淳之は「このように独湛が金指近藤の招きによってこの地に入り、初山宝林寺を建立し、そこで念仏禅を唱え、その念仏禅は他力自力の別がないと主張するのであったから、人々にある種の新鮮さと、異国からの渡来僧という事に加え、怨霊に悩む人々に忽ち解脱の境地を開かせるなど、従来の仏教に欠落したもの十二分に補うところがあったから、この地の人々の黄檗宗への帰依を深めるとともに……、金指以外の地域でも多くの信者を獲得していくのであった」とまとめている(60)。

なお貞用の祖父にあたる秀用も信仰心が厚かったようで、寛永年間に江戸屋敷の邸内に大安寺を起立している。これは天和の大火災の後、称仰院（無縁寺）に併合され、現在、近藤秀用の墓はこの無縁寺にある。このように当時の給人領主たちも仏教に対する熱心な信仰心をもっていたことに注目する必要がある。もちろん、筆者は板橋の縁切り榎と金指近藤家との間に必然的な関係があったとは必ずしも考えていないが、江戸時代にさまざまな「俗信」が生まれてきた背景に支配者側の信仰もあったこと、すなわち時の支配層もその時代の人間であったことを考えていく必要があると思う（たとえば、江戸時代、大名屋敷そのものがアジールとして機能していたことが知られている）。

以上、考察してきたように「縁切り信仰」の発生の理由については複合的に考えなくてはならないが、概ね次のような点が指摘できるであろう。

a　エノキは「縁の木」としてたしかに「縁結び」や「縁切り」の対象となりやすい性格がある。なお、近藤家が活躍していた地域に隣接する愛知県南設楽郡鳳来町（現、新城市）では、エノキを刈って枯らすと祟るということが言われており[61]、その観念はかなり広がりをみせていたようにも思われる。

b　先行研究が示してきた通り、村境などに「縁切り信仰」が生まれやすい性格がある（井の頭公園も三鷹市と武蔵野市の中間、など）。これは共同体からの追放や旅・移動など、さまざまな人びととの別れが重層化し、信仰が強められた。桜井徳太郎は、日本における「民間信仰は、通時的重層構成と共時的複圏展開の二つの原理が、交叉錯綜するなかで具体的に現象する」という理論を示したが[62]、縁切り信仰にもたしかにその側面がある。

c　全国各地に嫁入り行列の禁忌の場所（逆機能型縁切り）は多く存在したが、近年そのタブーはほとんどみられなくなっている（ただし、結婚式のお祝い品に「切れる」もの（刃物など）を渡さないなどのタブーは残る）。

なお、都市順機能型の縁切りは宗教的な権威づけが行われていることが多い。縁切り榎が、爆発的な人気を生み出した理由の一つにも、「六天王」の存在があった。ただし近年も、カップルで行ってはいけない場所としてたしかにその信仰は生き続けている。また新しく「悪縁切り」を謳う寺社も増えてきている。その点で「縁切り」は「俗信」よりも「信仰」として取り扱う必要がある。

d

都市型縁切りと農村型縁切りは、その構造に共通点が多い。

ただ、京都周辺の事例からも分かる通り、都市型の方が顕在化しやすく「順機能型」に転じやすい性格があった。人が集まる都市においては、人間関係のトラブルを「縁切り」という方法で解決することが必要視された。板橋の縁切り榎は、都市型であると同時に境界に位置しており、また中山道という交通の要所であり、縁切り信仰が流行しやすい地理的条件に恵まれていた。

「縁切り」は「縁結び」と密接な関係がある、といわれている。「縁切り厠」の隣に「縁結び厠」が用意されていたり、縁切稲荷のすぐ近くに縁結びの神社があったりと、両者はともに深い関係があると理解されていることは事実にちがいない。嫁入り行列におけるタブーについても、そこの場所を通らないことが逆にその縁が長続きするといった意味で、逆に縁結び的な性格もあることについては言うまでもなかろう。地域によっては、縁切り餅（縁決餅とも）などにより、度胸試しとして「縁切り」を「縁結び」として逆利用している場合さえある。だとすれば縁切り信仰とは、古の人たちが人生を送っていくうえに築かれた知恵であり、それは無意識のうちに現代人の心性のなかにもたしかに引き継がれている超歴史的な民俗信仰だといえるのではないか。

以上、全国にわたってみられる縁切り信仰について、さまざまな角度から考察してきたが、この信仰は嫁入り行列などがみられなくなったことにも関連し、急速に消えつつある。しかし、それは「縁切り信仰」そのものの消滅を意味していない。むしろ、現代においては、現代にあわせた「縁切り信仰」、あるいは場の禁忌も心霊スポットなどとして次々に生み出されている。社会的な動物である人間は、ハレとケの連続で成り立つライフワークの中、さまざまな「縁」に結ばれて生きている。ときに、それは人間が生きていくうえで深刻な苦しみや不幸をもたらすことにもつながる。縁切り信仰は、そのような不幸を克服するために人びとが生み出してきたもう一つの知恵であり、知識なのである。筆者はここに「ソトのアジール」が「ウチのアジール」の中に包摂されていく人間の歴史のプロセスを見出したい。すなわち縁切り信仰とは、人間が幸福をめざす上での「ウチのアジール」の究極型と言えるのではないだろうか。これによって人びとは自らの不幸や怒りという争いの元を「ウチ」の中で解消することに成功しているのだから……。

なお、このような信仰は、社会の変化に伴い多少形は変わっていくが、いつの時代においても人間関係（縁）が人にとっても重要であったことをはっきりと示しており、その心性はこのような形で将来に亘って連綿と続いていくのである。その点で、「縁切り信仰」もまた人間の歴史を教えてくれるひとつのメルクマールだといえる。

おわりに

二〇〇九年一月六日、パレスチナ自治区を攻撃していたイスラエル軍が、国連避難所とされていたガザ地区の学校付近を攻撃。四〇人以上の死者が出ている、というニュースを目にした。近代の戦争は、無差別戦であり、まさに「アジールなき戦争」である。しかし、だからといってこのまま「アジールなき時代」に甘んじてしまってはならないのではないか。

本書でみてきた通り、歴史はアジールを形成しようと努める民衆の動きと、時にそれを認めながらも否定する動きとの葛藤であった。しかし、アジールは決して過去のユートピアではない。これから創り上げていくべきものなのである。

もちろん、筆者がここで言っているアジールとは「犯罪者」の保護、だけの意味ではもはやない。アジールとは人道的で、きわめて社会契約的なものであり、アイロニーを込めて言えば文明的なものである。逸脱者となった個人の権利を最低限守るものとして、アジールは不可欠なものだと思う。また、アジールを否定しさるものは、決して権力者だけではないことにも注意する必要があろう。ときに共同体そのものが、アジールを打ち消す論理となりうるのである。一六九二年（日本の元禄五年にあたる）、ボストン郊外セイラムで起きた魔女裁判の事例は集団心理の暴走をよく示している。些細な事件をきっかけに起きたこの事件は、次々と無実の村人が魔女として告発され、結局二〇〇名もの人びとが告発され、一九名もの処刑者を出した。アジールがなくなるところに悲劇は生まれるのである。

ただ近年もアジールを形成しようとする動きは確実に存在している。一九九四年ルワンダで起きた多数派フツ族による少数派ツチ族の大量虐殺事件。百日間に国民の十分の一が殺害されたという世界史上の悲劇。そんな中を奇跡的に生き抜いた女性がいた。彼女の名はイマキュレー。絶望の戦場の中、牧師の家のトイレの中に匿われ、九〇日間の長きにわたって堪え続けた。匿っていたことがもし敵に知られたら、牧師の命もなかったであろう。まさに牧師の慈悲の精神によって彼女たちは助かったのである(63)。

現在のセイラム（マサチュセッツ州）

本書では「ウチのアジール」と「ソトのアジール」の葛藤を描き出してきたが、最終的に「ソトのアジール」が「ウチのアジール」に包摂されていくことに、人類の知恵と「歴史」というものを感じずにはいられない。神仏に頼ることは一見すると「ソト」の行為にもみえるが、決してそれだけではない。それは苦しみを乗り越える一つの手段なのであり、世間の中で生きる人間の生きる術なのである。そう考えると、アジールの歴史とは、むしろ静かな抵抗の歴史だったのかもしれない。

いずれにせよ、アジールを過去のものとせず、これから形成していくものと考えたとき、新しい時代の面影がみえてくるのではないだろうか。

註

（1）松村克己「苦難の意義」（浅野順一編『苦難の意義』新教出版社、一九四八年）。
（2）J・ボウカー著／脇本平也訳『苦難の意味』（教文館、一九八二年）。
（3）植田信広「中世前期の「無縁」について」（『国家学会雑誌』九六巻三・四号、一九八三年）、安良城盛昭『天皇・天皇制・百姓・沖縄』（吉川弘文館、一九八九年）所収論文。
（4）和歌森太郎『山伏』（中公新書、一九六四年）。
（5）『草枕』の中にも次のような一節がある。「世には有りもせぬ失恋を製造して、自から強いて煩悶して、愉快を貪るものがある。常人はこれを評して愚だと云う、気違だと云う。然し自から不幸の輪廓を描いて好んでその中に起臥するのは、自から烏有の山水を刻画して壺中の天地に歓喜すると、その芸術的の立脚地を得たる点に於て全く等しいと云わねばならぬ。」
（6）三島由紀夫『若きサムライのために』（文春文庫、一九九六年）。
（7）ショーペンハウエルは「偉大な天賦の精神的才能に恵まれた者は……苦痛に対する感受性が極度に高」いとし、「精神的な欲望」をもつことを重要視している（ショーペンハウアー著／橋本文夫訳『幸福について』新潮社）。
（8）ロマン・ロランは、「今日のアジアにおいてこれほど純粋な宗教的芸術作品をわたしは知らない」として、倉田を次のように紹介している。「現在四十歳の作者は、一九一七年に書かれたこの劇作によって名声をえた。数々の喪や病苦など、深刻な個人的試練が彼を時代の悲劇に参入させた。死の翼におおわれた彼は自殺願望にとりつかれていた。悪夢の形で書かれ、不安と苦悩にみちた序曲は、やはり死の影におおわれている。」（「仏訳『出家とその弟子』への序」倉田前掲書所収）。倉田も不幸のなかで作品を生みだした一人であった。

（9）北川扶生子「失われゆく避難所」（『漱石研究』一七号、二〇〇四年）。

（10）姜尚中『悩む力』（集英社新書、二〇〇八年）。

（11）中島敦「幸福」（『中島敦全集』筑摩書房、一九四八年）。

（12）三木清「幸福について」（『人生論ノート』新潮社、一九五四年）。なお三木は当時（一九五〇年代）の日本において「倫理の本から幸福論が喪失」している事態を指摘し、「幸福を語ることがすでに何か不道徳なことであるかのように感じられるほど今の世の中は不幸に充ちているのではあるまいか」とその背景を考察している。

（13）エピクロスの一番弟子であったメトロドロスは「われわれのうちにある幸福の原因は、外界から生ずる幸福の原因よりも大きい」と記している。（ショーペンハウエル前掲書）

（14）宮下隆二はユートピアについて論じる際に、筆者と同様に内と外の二つの方向性に注目し整理されている（『イーハトーブと満州国』ＰＨＰ研究所、二〇〇七年）。ただし、筆者はユートピア（夢物語）とアジールの違いを重視している。

（15）トルストイ／原卓也訳『人生論』（新潮文庫、一九七五年）。

（16）スティーブンスン著／橋本福夫訳「黄金郷」（『若き人々のために』角川文庫、一九五三年）。

（17）「内面の富を十分にもと、自分を慰める上に外部からはほとんどあるいは全然何ものをも必要としない人間が、いちばん幸福である。」（ショーペンハウアー前掲書）。

（18）小林司『「生きがい」とは何か』（日本放送出版協会、一九八九年）。

（19）スティーヴンソン著／田中西二郎訳『ジーキル博士とハイド氏』（新潮文庫、一九六七年）。

（20）舟木徹男は「空想」をアジールの近代的な形態として捉え、それを「退行」（病理）とみなしている（「退行の病理」『精神分析&人間存在分析』一五号、二〇〇七年）。なお西村秀樹も、健康・病気という視点からアジールの問題にアプローチしている（「健康に対するアンチテーゼ」『健康科学』二〇、一九九八年）。このようにアジールについて心理学的な関心からアプローチした研究は多く、他にも「アジール的な空間」としての森に着目する若山隆良「心理療法と自然」（『小田原女子短期大学研究紀要』三〇-三一頁、二〇〇〇・二〇〇一年）などがある。

（21）キュルケゴール著／齋藤信治訳『死に至る病』（岩波文庫、二〇〇五年）。

（22）W・B・ウルフ著／周郷博訳『どうしたら幸福になれるか（下）』岩波書店、一九六一年（原典：一九三一年）。

（23）阿部謹也「ドイツ中世後期におけるアジール」（『ヨーロッパ―経済・社会・文化』創文社、一九七九年）。

（24）目崎徳衛『出家遁世』（中公新書、一九七六年）。

（25）森岡清美他『新社会学辞典』（有斐閣、一九九三年）。

（26）柳田国男「山の人生」『遠野物語・山の人生』岩波文庫、一九九七年（初版一九七六年）。

（27）エーリッヒ・E・フロム／日高六郎訳『自由からの逃走』東京創元社、二〇〇六年（初版一九五一年）。

（28）中島義道『不幸論』（PHP新書、二〇〇二年）。

（29）新宮秀夫『幸福ということ』（日本放送出版協会、一九九八年）。

（30）「自発的に行動できなかったり、本当に感じたり考えたりすることを表現できなかったり、またその結果、他人や自分自身にたいしてにせの自我をあらわさなければならなかったりすることが、劣等感や弱小感の根源である。気がついていようといまいと、自分自身でないことほど恥ずべきことはなく、自分自身でものを考え、感じ、話すことほど、誇りと幸福をあたえるものはない。」（フロム前掲書）。

（31）ヴィクトール・E・フランク／池田香代子訳『夜と霧〔新版〕』（みすず書房、二〇〇二年）。

（32）内田伸子『想像力』（講談社、一九九四年）。
（33）岩井宏實『暮しの中の神さん仏さん』（河出書房、一九八九年）、同『日本の神々と仏』（青春新書、二〇〇二年）。
（34）櫻井徳太郎「日本の民間信仰」『民間信仰の研究 上』吉川弘文館、一九八八年（初出一九六八年）。
（35）ここでいう「民間信仰」・「俗信」・「迷信」の概念については、藤井正雄「禁忌・呪い」（櫻井徳太郎編『信仰』有精堂、一九七九年）を参照。
（36）柳田国男「山の人生」『遠野物語・山の人生』岩波文庫、一九九七年（初版一九七六年）。
（37）井上正道『東慶寺』（東慶寺、一九九六年）。
（38）E・A・ウェスターマーク著／江守五夫訳『人類婚姻史』社会思想社、一九七〇年（原典一八九一年）。より概説的な『人間結婚史』（吉岡永美訳）啓明社、一九三〇年（原典一九二一年）にも同様な記載がある。
（39）穂積陳重の注釈書《Lectures on the New Japanese Civil Code》（Tokyo 1912）。なおここではウェスターマークの引用を参照した。
（40）エンゲルス著／戸原四郎訳『家族・私有財産・国家の起源』岩波文庫、二〇〇六年（初出一九六五年、原著一八八四年）。
（41）宮武外骨編『縁切寺』（半狂堂、一九二三年）。
（42）穂積重遠『離婚制度の研究』（改造社、一九二四年）。
（43）高木侃『三行半と縁切り寺』（講談社、一九九二年）。
（44）柳田国男「橋姫」『柳田国男全集 第七巻』筑摩書房、一九九八年（初出一九一八年）。
（45）高梨公之「縁切り考」（『時の法令』六七五号、一九六九年）、同「妻の離婚請求と縁切り俗信」（『日本法学』三九巻二号、一九七四年）。

（46）長沢利明「縁切榎」『江戸東京の庶民信仰』三弥生書店、一九九六年（初出一九九〇年）。

（47）戸部民夫『「頼れる神様」大事典』（ＰＨＰ研究所、二〇〇七年）。

（48）「愛と性」というテーマから縁切りを眺めた暉峻康隆の指摘もある（『日本人の愛と性』岩波書店、一九八九年）。

（49）弁天と縁切りの関係については、蟻塔生「迷信のいろ〳〵」（『東京年中行事２』東洋文庫、一九六八年）など。

（50）古賀勝「御井寺の縁切り塔」『伝説紀行』http://www5b.biglobe.ne.jp/˜ms-koga/b-099-semimaru.htm、二〇〇八／一〇／八参照。

（51）板橋区教育委員会事務局社会教育課編（『いたばしの昔ばなし』板橋区教育委員会、一九七八年）。

（52）渡辺和敏「総説「姫街道」について」（静岡県教育委員会文化課編『静岡県歴史の道 姫街道』静岡県文化財保存協会、一九九五年）、神谷昌志『写真紀行 姫街道』（国書刊行会、一九八四年）など。

（53）この説をとくに強調したのは大山敷太郎である（「姫街道」『近世交通経済史論』国際交通文化協会、一九四一年など）。

（54）「初め榎槻を音便にゑんつきと訛りしが、其の語縁盡に近ければ、これに祈れば縁を切るといふ附会の説起りて、遂に縁切榎とは呼なせるに……」（宮尾しげを監修『東京名所図会　北郊之部』睦書房、一九六九年）。

（55）東京にふる里をつくる会編『板橋区の歴史』（名著出版、一九七九年）。

（56）木村博「「縁切榎」新考」（『練馬郷土史研究会会報』第一四三号、一九七九年）。

（57）『咒咀調法記』（元禄十二年六月、書林米川板）には「女男に無縁の守（この守ふだん身につくべし）」「男女の中離時の符」「男の手をはなれんと思う守」「おとこをのかれんと思う守」など、縁切りに関わる呪いも多く載せられており、江戸時代の早い段階から庶民の中にこのような思想が存在していたことが分かる。

（58）真野俊和『旅のなかの宗教』（日本放送出版協会、一九八〇年）。

(59)「板橋の縁切榎の枯れたので旧弊さんは力を落したが、縁切榎などといふ人は惑はすものはないはうがましだと思つて居るお、又誰だか芽出しを植つけたといふが、余計なお世話だ、止めればい、に。」(明治十年三月『新聞集成明治編年史 第三巻』明治編年史編纂会、一九三五年参照。
(60) 若林淳之「近藤貞用と独湛」(『引佐町史 上巻』引佐町、一九九一年)。
(61) 鈴木棠三『日本俗信辞典　動・植物編』(角川書店、一九八二年)。
(62) 櫻井徳太郎「総説」(『信仰』有精堂、一九七九年)。
(63) イマキュレー著・堤江実訳『生かされて』(ＰＨＰ研究所、二〇〇六年)。

全国の縁切りスポット一覧

名　称（俗称）	所 在 地	類型	種別	信仰	現状	出　　典
中島公園	札幌市中央区	Ⅱ	E	×	○	カップルでボートに乗ると別れる
ホワイトイルミネーション	札幌市中央区	Ⅱ	E	×	○	北海道では有名な噂
円山公園	札幌市中央区	Ⅱ	E	×	○	
函館山	北海道函館市	Ⅳ	E	×	○	ロープウェイに乗ると別れる
摩周湖	北海道川上郡	Ⅳ	E	×	○	摩周湖が晴れている時はよくない
田沢湖	秋田県	Ⅳ	E	×	○	たつこ像を見てはならない
松島	宮城県松島町	Ⅳ	E	×	○	「福浦橋」を渡ってはならない
定禅寺通り	宮城県仙台市	Ⅱ	E	×	○	真ん中の歩道を最後まで歩いてはいけない
縁切り地蔵尊	山形県寒河江市	Ⅲ	C	○	○	当地案内板参照
立石寺（山寺）	山形県山形市	Ⅲ	D	○	○	Wikipedia参照
リナワールド	山形県上山市	Ⅳ	E	×	○	東北最大のテーマパーク
石塔	福島県福島市	Ⅳ	C	×	不明	柳田国男「橋姫」
沼の内弁才天	福島県いわき市	Ⅳ	E	×	○	
勿来海岸	福島県いわき市	Ⅳ	E	×	○	秋にカップルで行くと別れる
満徳寺（駆込寺）	群馬県太田市	Ⅲ	D	○	○	五十嵐『縁切寺の研究』西毛新聞社、1967年
縁切欅	群馬県太田市	Ⅳ	A	×	×	
化粧薬師（縁切薬師）	群馬県前橋市	Ⅲ	C	○	○	『元総社村誌』
高崎観音	群馬県高崎市	Ⅱ	E	×	○	都市伝説であり詳細不明
縁切り稲荷	群馬県邑楽郡	Ⅲ	C	?	×	『群馬県史 資料編26』
尺神様（縁切り神様）	群馬県前橋市	Ⅲ	C	?	不明	『富士見村誌』（1004頁）
門田稲荷（縁切稲荷）	栃木県足利市	Ⅲ	C	○	○	『郷土研究』2巻1号
縁切り橋	栃木県足利市	Ⅳ	B	×	×	丸山瓦全「足利に於ける郷土趣味の研究」
織姫神社	栃木県足利市	Ⅳ	E	×	×	縁結びの神社として有名
縁切橋（相生橋）	茨城県筑西市	Ⅳ	B	×	○	竹島郷土史 http://www.chikusei.ed.jp/takesho/shiryou/2006
相生稲荷（縁切稲荷）	茨城県筑西市	Ⅳ	C	×	○	
千波湖	茨城県水戸市	Ⅳ	E	×	○	ボートに乗ってはいけない。
筑波山	茨城県つくば市	Ⅳ	E	×	○	筑波山神社は縁結びで有名
縁切橋	埼玉県比企郡	Ⅳ	B	×	○	当地案内板
元巣大明神	埼玉県比企郡	Ⅳ	C	×	不明	柳田国男「橋姫」
上の橋	埼玉県川口市	Ⅳ	B	×	○	『川口市史 民俗編』
腹切り	埼玉県川口市	Ⅳ	B	×	×	『川口市史 民俗編』
縁切り橋	埼玉県行田市	Ⅳ	B	×	○	『埼玉県史 別編2 民俗2』
駒止橋（縁切り橋）	埼玉県保谷市	Ⅳ	B	×	不明	『日本常民生活資料叢書』第十一巻
堰枠橋（現、万年橋）	埼玉県さいたま市	Ⅳ	B	×	不明	『岩槻市史 民俗史料編』
縁切榎	埼玉県朝霞市	Ⅲ	A	○	不明	『旅と伝説』2年6号

名　称（俗称）	所在地	類型	種別	信仰	現状	出　典
大宮公園	埼玉県大宮市	Ⅱ	E	×	○	ひょうたん池
縁切り地蔵（地蔵院）	埼玉県鳩ヶ谷市	Ⅲ	C	○	○	『「頼れる神様」大事典』
東京ディズニーランド	千葉県浦安市	Ⅱ	E	×	○	最も有名な別れスポットの一つ
夫婦杉	東京都足立区	Ⅳ	B	×	×	『新編武蔵風土記稿』
縁切榎	東京都板橋区	Ⅰ	A	○	○	『遊歴雑記』『新編武蔵風土記稿』など
明治神宮	東京都渋谷区	Ⅱ	E	×	○	
榎木稲荷（縁切稲荷）	東京都渋谷区	不明	C	不明	○	※通称、日本三大縁切り稲荷
三崎稲荷（縁切稲荷）	東京都千代田区	Ⅱ	C	×	○	『江戸志』
妻恋稲荷（妻恋坂）	東京都文京区	Ⅱ	C	×	×	『東京年中行事２』
不忍池	東京都文京区	Ⅱ	A	×	×	『東京年中行事２』
淀橋（姿不見橋）	東京都新宿区	Ⅱ	B	×	×	『風俗画報』452号
田宮稲荷	東京都新宿区	Ⅰ	C	○	○	高梨「妻の離婚請求と縁切りの俗信」
豊島園	東京都練馬区	Ⅱ	E	×	○	不明
石神井公園	東京都練馬区	Ⅱ	E	×	○	ボートに乗ってはならない
井の頭恩賜公園	東京都武蔵野市	Ⅱ	E	×	○	都市伝説であり詳細不明
釜田坂	東京都町田市	Ⅳ	B	×	不明	『新編武蔵風土記稿』
縁切不動	東京都町田市	Ⅳ	C	不明	不明	「多摩の民俗」『民間伝承』142号
縁切り橋	神奈川県厚木市	Ⅳ	B	×	○	http://www2.edu.city.atsugi.kanagawa.jp
縁切り松	神奈川県厚木市	Ⅳ	A	不明	○	『神奈川県史　各編論５ 民俗』
縁切榎	神奈川県相模原市	Ⅲ	A	不明	○	『相模原市史』第一巻
北野橋のたもと	神奈川県平塚市	Ⅳ	B	×	×	『神奈川県史　各編論５ 民俗』
縁切り稲荷	神奈川県平塚市	Ⅳ	C	×	○	『平塚市史民俗調査報告書６』
平塚七夕祭	神奈川県平塚市	Ⅳ	E	×	○	
頭なしの森	神奈川県茅ヶ崎市	Ⅳ	A	×	不明	『茅ヶ崎市史３』
芹沢橋（追出し橋）	神奈川県茅ヶ崎市	Ⅳ	B	×	○	『茅ヶ崎市史３』
東慶寺（縁切寺）	神奈川県鎌倉市	Ⅰ	D	○	○	井上『東慶寺』
山下公園	神奈川県横浜市	Ⅱ	E	×	○	
港の見える丘公園	神奈川県横浜市	Ⅱ	E	×	○	
江ノ島	神奈川県藤沢市	Ⅰ	E	×	○	弁天さまは縁切につながりやすい
縁切橋	山梨県韮崎市	Ⅳ	B	×	不明	土橋里木『甲斐の伝説』
縁切り地蔵（大蓮寺）	山梨県韮崎市	Ⅲ	C	○	○	『「頼れる神様」大事典』
縁切り地蔵	長野県東御市	Ⅳ	C	○	○	案内板
羽すり石	長野県上田市	Ⅳ	A	×	不明	『長野県史 民俗編1-３』
縁切り石	長野県上田市	Ⅳ	A	×	○	『長野県史 民俗編1-３』
いっとの坂(縁切地蔵)	長野県上田市	Ⅳ	B	×	○	『長野県史 民俗編1-３』
三神縁切りの太刀	長野県大町市	Ⅲ	A	○	○	塩の道博物館
縁切山	長野県下伊那郡	Ⅳ	A	×	不明	中山太郎編『日本民俗学辞典(全)』
別れ石	長野県松本市	Ⅳ	A	×	不明	『長野県史 民俗編3-３』
松本城（松本神社）	長野県松本市	Ⅱ	E	×	○	

227　全国の縁切りスポット一覧

名　称（俗称）	所　在　地	類型	種別	信仰	現状	出　　典
善光寺	長野県長野市	Ⅱ	E	×	○	昼間に行くと別れる
縁切り柳	長野県安曇野市	Ⅳ	A	×	不明	『長野県史 民俗編3-3』
縁切り地蔵	長野県中野市七瀬	Ⅳ	C	×	不明	中野市公民官報　文化なかの
総持寺（縁切不動明王）	富山県高岡市	Ⅲ	D	○	○	http://www.soujiji-t.com
マリンピア日本海	新潟県新潟市	Ⅳ	E	×	○	
サントピアワールド	新潟県北蒲原郡	Ⅳ	E	×	○	
弥彦神社	新潟県西蒲原郡	Ⅳ	E	×	○	女神信仰との関係から
白山比神社	石川県白山市	Ⅳ	E	×	○	
碁石ヶ峰	石川県鹿島郡	Ⅳ	E	×	○	県立自然光炎に指定
気多大社	石川県羽咋町	Ⅲ	D	○	○	縁結びの神社として有名
医王山	石川県金沢市	Ⅳ	E	×	○	
今切関所	静岡県浜松市	Ⅱ	B	×	×	大山敷太郎「姫街道」など
カナメ神宮	静岡県浜松市	Ⅲ	D	○	○	
法多山	静岡県袋井市	Ⅳ	E	×	○	カップルで初詣に行くと別れる
浅間大社	静岡県富士宮市	Ⅳ	E	×	○	女神信仰との関連から
東山動物園	愛知県名古屋市	Ⅳ	E	×	○	名古屋では有名
ナナちゃん	愛知県名古屋市	Ⅱ	E	×	○	
竹島	愛知県蒲郡市	Ⅳ	E	×	○	
豊川稲荷	愛知県豊川市	Ⅱ	C	×	○	商売の神様でありカップルで行くものではないとされる
郡上八幡城	岐阜県郡上郡	Ⅳ	E	×	○	「およし」の怨念
長島スパーランド	三重県桑名郡	Ⅱ	E	×	○	
伊勢神宮	三重県伊勢市	Ⅳ	E	×	○	縁結びの神社として有名
橋姫神社	京都府宇治市	Ⅰ	D	○	○	柳田「橋姫」
京一条戻橋	京都市上京区	Ⅰ	B	○	○	『撰集抄』、『平家物語』他
櫟谷七野神社	京都市上京区	Ⅰ	D	○	○	※浮気封じ
菊野大明神	京都市中京区	Ⅰ	D	○	○	http://www.kaiun-goriyaku.com
鉄輪井戸（縁切り井戸）	京都市下京区	Ⅰ	A	○	○	謡曲『鉄輪』
貴船神社（丑の刻参り）	京都市左京区	Ⅰ	D	○	○	『平家物語』、謡曲『鉄輪』
元政庵瑞光寺	京都市伏見区	Ⅰ	D	○	○	http://www.saturn.dti.ne.jp/˜otonowa/
伏見稲荷（縁切稲荷）	京都市伏見区	Ⅱ	C	不明	○	※日本三大縁切り稲荷の一つ
清水寺（縁切り厠）	京都市東山区	Ⅲ	D	○	×	『浪華百事談』
安井金比羅宮	京都市東山区	Ⅰ	D	○	○	現地案内参照。
橋姫神社	京都府宇治市	Ⅰ	D	○	○	柳田国男「橋姫」
嵐山	京都市右京区	Ⅱ	E	×	○	様々なジンクスがある
京都府立植物園	京都市左京区	Ⅱ	E	×	○	
鴨川	京都市東山区	Ⅳ	E	×	○	
天橋立	京都府宮津市	Ⅳ	E	×	○	松並木を最後まで渡ってはならない

名　称（俗称）	所 在 地	類型	種別	信仰	現状	出　　典
不空院（縁切り祠）	奈良県奈良市	Ⅲ	C	○	○	Wikipediaなど参照
奈良公園	奈良県奈良市	Ⅳ	E	×	○	
お艶地蔵（三松禅寺）	奈良県奈良市	Ⅲ	C	○	○	『「頼れる神様」大事典』
持明院（縁切り厠）	大阪市天王寺区	Ⅰ	D	○	○	『摂津国八十八ヶ所霊場案内記』
高津宮（縁切り坂）	大阪市中央区	Ⅰ	B	○	○	『風俗画報』307号
万博公園エキスポランド	大阪府吹田市	Ⅱ	E	×	○	
枚方パーク	大阪府枚方市	Ⅱ	E	×	○	
南港野鳥園	大阪府大阪市	Ⅱ	E	×	○	
相合橋（縁切り橋）	大阪市中央区	Ⅱ	B	×	○	江戸初期～
敏馬神社	神戸市灘区	Ⅰ	D	不明	○	河本正義『旅と伝説』72号
満福寺（縁切り地蔵尊）	神戸市長田区	Ⅲ	C	○	○	
けはい坂	兵庫県加古川市	Ⅳ	B	×	不明	『旅と伝説』72号
嫁取松	兵庫県三田市	Ⅳ	A	×	不明	『有馬郡誌』上巻
岡田神社	兵庫県宝塚市	Ⅳ	D	×	不明	『播陽落穂集 巻之二』
異人館	神戸市中央区	Ⅱ	E	×	○	
宝塚ファミリーランド	兵庫県宝塚市	Ⅳ	E	×	○	
和歌山城	和歌山県和歌山市	Ⅳ	F	×	○	ボートに乗ってはいけない
佐太神社　田中神社	島根県松江市	Ⅲ	D	○	○	『出雲国風土記』
出雲大社	島根県出雲市	Ⅳ	E	×	○	
岡山城	岡山県岡山市	Ⅱ	E	×	○	ボートに乗ってはならない
衆楽園	岡山県岡山市	Ⅳ	E	×	○	
宮島	広島県宮佐伯郡	Ⅳ	E	×	○	
宇部常磐公園	山口県宇部市	Ⅳ	E	×	○	ボートに乗ってはならない
火の山公園	山口県下関市	Ⅳ	E	×	○	夜景スポットとしても有名
金刀比羅宮	香川県仲多度郡	Ⅳ	E	×	○	
栗林公園	香川県高松市	Ⅳ	E	×	○	
松山城	愛媛県松山市	Ⅳ	E	×	○	
滝の宮	愛媛県新居浜市	Ⅳ	E	×	○	ボートに乗ってはならない
龍王院	高知県南国市	Ⅲ	D	○	○	http://www.enkiridera.com
桂浜	高知県高知市	Ⅳ	E	×	○	
鏡川	高知県高知市					
御井寺（縁切り塔）	福岡県久留米市	Ⅲ	C	○	○	古賀勝「御井寺の縁切り塔」
野芥縁切地蔵	福岡県福岡市	Ⅲ	C	○	○	『綜合日本民俗語彙』一巻194頁
お綱大明神（長宮院）	福岡県福岡市	Ⅰ	E	○	○	『旅と伝説』34号28頁
太宰府	福岡県太宰府市	Ⅱ	E	×	○	
大濠公園	福岡県福岡市	Ⅳ	E	×	○	ボートに乗ってはならない
スペースワールド	福岡県北九州市	Ⅱ	E	×	○	

229　全国の縁切りスポット一覧

名　称（俗称）	所 在 地	類型	種別	信仰	現状	出　　典
稲佐山（縁切り山）	長崎県長崎市	Ⅳ	E	×	○	長崎では有名
熊本城	熊本県熊本市	Ⅱ	E	×	○	
三井グリーンランド	熊本県荒尾市	Ⅳ	E	×	○	
縁切り布袋様	熊本県南阿蘇	Ⅲ	C	○	○	宝来宝来神社境内にある
東水山公園	鹿児島県	Ⅳ	E	×	○	詳細は不明
普天間神宮	沖縄県普天間	Ⅳ	E	×	○	

類型Ⅰ～Ⅳは、それぞれⅠ：「都市順機能型」、Ⅱ：「都市逆機能型」、Ⅲ：「農村順機能型」、Ⅳ：「農村逆機能型」をあらわす。

種別のＡ～Ｅについては第四部第二章を参照のこと。

参考文献

・縁結び神社研究会ホームページhttp://enmusubida.com/spot/81engiri.html
・ワカレル！ラ！シーネ！http://prog1968.at.infoseek.co.jp/wakareru.htm
・岩井宏實『暮しの中の神さん仏さん』河出書房、1989年
・戸部民夫『「頼れる神様」大事典』ＰＨＰ研究所、2006年

※個人的な聞き取りによる部分も多く、あくまで〝うわさレベル〟話のものもあるが、有名なデートスポットや縁結び神社が「別れのスポット」として機能する傾向が指摘できる。それは、そこを訪れるカップルの数が多ければ多いほど、それだけ別れるカップルも多くなり、逆に「別れのスポット」になりやすくなっているのであろう。縁結び神社が「別れのスポット」になりやすい理由は、そこが広く〝恋の神様〟（悪縁は切ってくれる）と考えられているからである。

あとがき

本書は二〇〇八年一月に東京学芸大学に提出した卒業論文を大幅に加筆修正して作成したものである。執筆にあたっては、なるべく他者の調査報告や研究成果を積極的に取り入れた。それは自分の調査能力の不十分さを補うためということもあるが、むしろ他の研究者の視点を積極的に取り入れることで自分の研究の視野をより深め、研究の幅を広げることができると考えたからである。よって本書においては、たとえば卒業論文で扱ってきたような実証的なデーターはほとんど用いていない。その意味で本書は分析的な研究というよりも綜合的な研究、論文というよりも評論に近いと思う。註で専門的な論文よりも、できるだけ一般向けに書かれた書物を掲げたのもそのようなことを配慮したゆえである。

本書における筆者の関心の第一は〝生きる〟とは何か、もっと言えば〝幸せに生きていくにはどうすればよいのか〟ということにあった。最後の章で、近代社会におけるアジールを「想像力」や「縁切り信仰」に結び付けたことに対して、読者の中には「単なる妄想にすぎないのではないか」「幼稚ではないか」といった疑問や批判をもった方もおられるかもしれない。しかし決して逃れられない苦痛や不幸に、いざ立たされたとき、人は自分の心の「想像力」（夢や可能性）に希望の光を見出し、神頼みをすることで心の安堵や自分のめざす目標を再認識することができる。これは苦しみから逃れる唯一のアジールにほかならなく、単なる逃避や逸脱として考えるにはあまりに寂しいものではないだろうか。これが筆者のアジール論の帰結である。最初、筆者はアジールを「犯罪者がそこに入った場合、その罪が問えなくなる空間」として捉えた。しかし、近代社会のなかではもうこの概念は成立しえない。「そこに入れば苦しみを逃れられる空間」、これこそがまさしく近代のアジールであった。

本来、本のあとがきには、お世話になった先生や友人の名前を挙げるのが慣例になっている。もちろん筆者もこれまで本当にたくさんの方々にいろいろな面でお世話になってきた。ここで一人一人のお名前を挙げることはしないが、この場を借りてそれらの方々に深くお礼を申し上げたい。

本書の刊行にあたっては、阿部猛先生に多大なご配慮をいただいた。先生は私が東京へ出てきて五年間、公私にわたって面倒をみてくださり、また私の未熟な論文を評価して出版への道を開いてくださった。感謝の気持ちでいっぱいである。改めて深くお礼を申し上げる。

なお、末筆ながら、未熟な私の作品を刊行してくださった同成社の山脇洋亮氏には、心よりお礼の言葉を述べさせていただく。

二〇〇九年五月二十七日　二十四歳の誕生日に

夏目琢史

アジールの日本史《にほんし》

■著者略歴■

夏目　琢史（なつめ　たくみ）

1985年　静岡県浜松市引佐町に生まれる。

2008年　東京学芸大学教育学部卒業。

現　在　一橋大学大学院社会学研究科修士課程在籍。

　　　　財団法人 徳川記念財団研究員。

主要著作

「戦後アジール論の再発見」（『日本社会史研究』66号、2006年）、「平泉澄と網野善彦」（阿部猛・田村貞雄編『明治期日本の光と影』同成社、2008年）、「関連人物解説・関連寺院解説」（『徳川将軍家ゆかりの女性』徳川記念財団、2008年）

2009年 7 月30日発行

著　者　夏　目　琢　史

発行者　山　脇　洋　亮

印　刷　モリモト印刷㈱

製　本　協 栄 製 本 ㈱

発行所　東京都千代田区飯田橋 4-4-8 東京中央ビル内　㈱同　成　社

TEL 03-3239-1467　振替 00140-0-20618

ISBN978-4-88621-491-1 C3021